Procès d'Assises

un avocat à la barre des témoins

Randall Schwerdorffer
entretiens avec Pierre Laurent

Procès d'Assises

un avocat à la barre des témoins

Les Éditions du Sékoya

À Adeline, ma mère, Arnold, mon père
et Agathe, mon épouse.

In limine litis*

Après avoir plaidé dans plus de cent vingt affaires criminelles, dont vingt-trois où il a obtenu un acquittement, Maître Randall Schwerdorffer revient sur quelques séquences d'audiences particulièrement emblématiques.

Au fil d'entretiens que nous avons eus, lui avocat et moi journaliste qui le côtoie depuis sa prestation de serment voilà maintenant plus de vingt ans, il évoque certains des épisodes les plus marquants de son parcours dans les prétoires.

Des moments clés et parlants, des instantanés où il arrive que tout se joue ou bascule, quelques fois drôles et parfois émouvants, mais toujours éclairants sur ce huis clos que constitue la Cour d'assises, où se règlent les épisodes les plus extrêmes de la chronique du quotidien et de la comédie humaine.

Autant de chapitres éloquents et riches en enseignements, mais aussi propices aux constats et réflexions d'un pénaliste sur notre système judiciaire.

Une occasion également d'explorer tant les coulisses d'un cabinet d'avocats que celles des palais de justice en compagnie et à travers le prisme d'un professionnel.

Pierre Laurent

* Formule latine régulièrement employée par les avocats, signifiant « Au seuil du procès »

Préface

On me demande parfois comment peut-on être une femme pénaliste ?

Oui, je défends des meurtriers, des violeurs mais aussi parfois des innocents accusés à tort. Surtout, je ne me considère pas comme une femme pénaliste. Je suis un avocat pénaliste, comme n'importe quel homme qui exerce ce métier.

J'exerce avec Me Randall Schwerdorffer dans de nombreux dossiers criminels et au sein d'une équipe qui n'a qu'un seul but : rechercher et trouver la meilleure défense possible dans chaque affaire que nous gérons en équipe.

Notre engagement est celui du droit, notre combat est de ne jamais céder aux apparences et à la morale qui prédominent trop souvent dans une société qui méprise de plus en plus la présomption d'innocence.

En cela, je sais pourquoi j'ai choisi d'être un avocat pénaliste aux côtés de Randall Schwerdorffer.

Ce livre, au-delà de sa personne, décrit notre équipe, notre quotidien ainsi que nos engagements et nos combats.

Maître Ornella Spatafora

Citations à comparaître

« La Cour d'assises est une arène, un théâtre violent, un âpre lieu de parole au sein duquel un balbutiement peut faire basculer le verdict d'un côté ou de l'autre », Me Éric Dupont-Moretti, *Directs du droit*, 2017

« L'audience, c'est la mer pour l'avocat d'assises : toujours imprévisible, parfois périlleuse. Ne demandez pas au marin pourquoi il aime l'océan. Il l'aime, voilà tout, c'est sa passion, son élément, sa vie. De même, l'avocat aime l'audience pour les bonheurs qu'elle lui dispense, les épreuves qu'elle lui réserve, et même l'angoisse qu'il ressent quand la fortune judiciaire l'abandonne », Me Robert Badinter, *L'Abolition*, 2000

« Si vous le pensez innocent, vous devrez obligatoirement l'acquitter. Sans penser aux conséquences judiciaires de cet acquittement en termes d'image de la justice par rapport aux erreurs judiciaires. Sans penser à la douleur des familles des victimes à qui l'on retire le coupable désigné depuis seize ans. Vous n'écouterez pas plus les sirènes des gardiens du temple qui incitent au conservatisme au nom du judiciairement correct et pour qui une grande injustice vaut mieux qu'un grave désordre », Me Jean-Marc Florand dans sa plaidoirie pour Patrick Dils en 2002

« Combien il est rare qu'une affaire se présente par la tête et simplement (...) Combien il arrive facilement que l'accusé s'enferre sur une déclaration par à-côté, dont la gravité d'abord lui échappe (...) Et le ministère public s'emparera triomphalement de cette phrase malencontreuse que le prévenu ne pourra plus rétracter », André Gide, *Souvenirs de la Cour d'assises*, 1912

« Nous autres magistrats, nous connaissons trop les faiblesses des hommes pour nous permettre de regarder les nôtres avec une excessive sévérité », Marcel Aymé, *La Tête des autres*, 1952

« Il avait vu des hommes aussi effacés que lui, aussi calmes, aussi doux en apparence, devenir violents. Presque toujours, alors, c'était parce que, pour une raison ou pour une autre, ils étaient blessés au plus profond d'eux-mêmes », Georges Simenon, *Maigret aux Assises*, 1960

« Pourquoi être avocat ? Être avocat afin de rester un homme libre qui ne demande ni ne doit rien à personne », Me Jacques Isorni, *Je suis avocat*, 1951

« L'homme moderne, lui, disposait d'un viatique : la récrimination. Il suffisait de se considérer victime pour s'épargner l'aveu de l'échec (...) Chercher des coupables occupait le temps et économisait l'introspection », Sylvain Tesson, *La Panthère des neiges*, 2019

« Dans la société actuelle, l'opinion publique est plus forte que la justice. On fait et défait la réputation de quelqu'un sur les réseaux sociaux. C'est la fin d'une justice. Autrefois, on démontrait la culpabilité avant de l'accuser. La société protégeait quand aujourd'hui elle fustige : "Tu es avec moi ou contre moi.". L'individu doit faite très attention à ne pas perdre son libre arbitre, ses propres amours et ses inspirations. », Fanny Ardant, interview « Les Affranchis » dans *Madame Figaro*, 20-21 août 2022

« Quand on ne condamnera plus les portes et quand on n'acquittera plus les factures, la justice aura fait un beau demi-tour en avant », Pierre Dac, *Arrière-pensées*

Et du même Pierre Dac :

« On dit d'un accusé qu'il est cuit quand son avocat n'est pas cru »

« Vous ne commettrez pas d'injustice en rendant vos jugements. Ne montre ni ménagement au faible, ni faveur au puissant. Juge ton semblable avec impartialité », Pentateuque, *Lévitique 19-15*.

Le déclic

La première audience pénale qui m'a vraiment marqué remonte à 2002. J'avais alors un an de barreau, ayant prêté serment le 8 janvier 2001, et je plaidais dans une affaire de trafic de stupéfiants. Mes relations avec les magistrats étaient très tendues car je commençais à faire de la procédure. Cela ne plaisait pas du tout parce que cela ne se faisait pas à l'époque. La plupart des anciens déconseillaient d'ailleurs de le faire pour ne pas indisposer les magistrats…

Me voici donc en audience correctionnelle et mon client n'est pas là, il est en fuite. Je décide cependant d'assurer sa défense malgré son absence, mais le président du Tribunal Correctionnel de Besançon refuse que je plaide !

Étant très féru de procédure pénale, je lui sors alors un arrêt de la Cour européenne des Droits de l'homme précisant qu'un avocat est en droit de plaider, que son client soit présent ou pas, et qu'il n'a pas à justifier de l'existence de son mandat par écrit.

Suspension d'audience… Et le président revient très vexé car le voici bel et bien obligé de m'écouter. Sauf que pendant toute ma plaidoirie, il ne m'a pas écouté mais m'a laissé faire en regardant ostensiblement le plafond. Pire ! À un moment, je suis sorti de la salle d'audience deux minutes pour passer un coup de téléphone urgent et il l'a fait noter au plumitif, afin de me mettre un coup de pression en sous-entendant que c'était une faute professionnelle de quitter ainsi l'audience. Ce qui était absolument faux, mais c'était le message qui m'était envoyé.

J'ai pris une peine assez lourde : il était requis quatre ans et j'ai pris quatre ans, comme si je n'avais pas plaidé alors que je plaidais une relaxe. Mais à la Cour d'appel, il n'en a pas été de même…

Mon client avait donc pris quatre ans, il était cette fois présent et menotté au milieu d'autres co-prévenus dans le même dossier.

J'ai à nouveau plaidé la relaxe, devant une Cour d'appel qui était difficile, et un de mes confrères de la défense, plus ancien que moi, a ensuite commencé sa plaidoirie après la mienne en indiquant aux magistrats très vertement que lui n'aurait pas « l'outrecuidance » de plaider la relaxe dans ce dossier, mais qu'il plaiderait uniquement la peine. Or, quand la Cour est revenue après en avoir délibéré, elle a prononcé la relaxe. J'ai alors vu la tête de mon confrère se décomposer.

Cela a été ma première grosse décision. Ce qui était intéressant pour moi, c'était de constater que les juges sont très humains – le premier juge a eu un comportement épidermique vis-à-vis de moi, a considéré que, comme jeune avocat, je devais me taire mais que lorsque lui parlait, il avait forcément raison, la justice là-dedans n'y trouvant pas forcément son compte.

De plus, à la Cour d'appel, j'avais trouvé que les confrères, parfois, manquaient d'audace et étaient trop dans la perspective de ne pas heurter la logique de la Cour. Dans la posture du « on vient négocier mais pas se battre ». Cela a donc été une des premières audiences où je me suis dit qu'il y avait une place à prendre.

C'est-à-dire qu'il peut effectivement y avoir des moments où c'est difficile, mais il faut l'assumer jusqu'au bout.

« La Confraternité, cette haine vigilante »

Il y a aussi des moments où les confrères eux aussi (« La Confraternité, cette haine vigilante », disait justement la journaliste Carmen Tessier) sont hostiles à un argumentaire parce que celui-ci peut déplaire. Mais malgré tout, le résultat est là et parfois même quand personne ne l'attend !

En réalité, la seule chose qui compte est le résultat, tout en respectant les règles (la fin ne justifie jamais les moyens). Mais on ne peut parfois obtenir un tel résultat qu'en sortant du carcan qui a été mis en place pour l'audience. En utilisant tous les outils à sa disposition et en étant capable de percevoir ce que les autres ne perçoivent pas dans un dossier.

Et il est d'ailleurs intéressant de constater que, très souvent, les jeunes avocats sont beaucoup plus pointus en procédure parce qu'ils sortent de l'université, qu'ils ont une veille juridique assez dynamique, qu'ils ont un intérêt très soutenu pour la matière et qu'ils ont envie d'aller à la confrontation avec le tribunal.

C'est pour cela que, lorsqu'on prend de l'âge, il est très intéressant d'avoir dans son équipe de jeunes avocats qui eux ont tout à construire, des places à prendre et qui redynamisent, réactualisent les approches et permettent, dans le cadre d'équipes pénales, d'obtenir les résultats recherchés.

« Mais vous vous croyez à Paris ? »

La première fois que j'ai eu une affaire avec présentation devant un juge d'instruction, c'était pour des faits de viol et j'avais inscrit un référé liberté devant le JLD (Juge des libertés et de la détention) qui se trouvait être le même président que celui qui avait condamné à quatre ans ferme mon autre client qui avait été relaxé en appel.

J'avais étudié le référé liberté dans les livres de droit, en jurisprudence, bref, c'était un outil juridique qui existait et que je souhaitais utiliser. De sorte que, naïvement, lorsque le président a ordonné le placement en détention du mis en cause que j'assistais, je lui ai précisé, comme cela était stipulé dans les livres de droit, que j'interjetais immédiatement référé liberté, que je voulais que cela soit noté dans l'ordonnance de placement en détention et que je souhaitais comme la loi le prévoit être entendu ultérieurement dans mes observations.

Ce même président m'a alors regardé et m'a lancé : « Mais vous vous croyez à Paris ? ». Et là, je me suis dit : « C'est absolument extraordinaire ! En fait, ce que l'on attend d'un avocat bisontin, c'est qu'il accepte tout et qu'il ne fasse pas de droit ! » Or, je n'avais pas fait ce métier-là pour tout accepter. Pour certains, l'avocat fait simplement partie du décor : les juges décident et il n'a pas grand-chose à dire. Ce n'est pas du tout comme cela que j'envisage le métier.

L'avocat qui fait de la procédure n'est pas l'ennemi de la justice, au contraire !

En fait, au début des années 2000, je rencontrais une véritable hostilité de la part de certains magistrats chaque fois que je faisais du droit, et notamment de la procédure. Ils considéraient que je parasitais l'audience plutôt que d'y voir une valeur ajoutée.

Or, et c'est cela que nous avons réussi à imposer en quelques années, la procédure pénale existe, les annulations de procédures sont dans l'intérêt de tous parce que cela permet une meilleure application du droit, un meilleur respect les libertés individuelles et, en fait, quand l'avocat fait de la procédure, il n'est pas l'ennemi du droit ni du tribunal. Au contraire !

Comme un corps a besoin de bien faire fonctionner tous ses muscles, il faut utiliser tous les outils du droit. Mais en 2001 et 2002, cela ne se faisait pas. Celui qui a travaillé un peu dans la même logique mais avec plus de diplomatie que moi parce qu'il avait un maître de stage pénaliste, c'est Maître Jérôme Pichoff, avec lequel je suis désormais associé.

L'analyse des procédures m'a ainsi permis d'émerger très vite en droit pénal. Parce qu'à l'époque, certains policiers, et même des magistrats du parquet, étaient parfois peu scrupuleux du respect de cette procédure, parce qu'en réalité les avocats permettaient de ne pas l'être. Car plus l'avocat accepte, plus on peut aller loin en face.

Cela a énormément évolué depuis, ce qui fait qu'aujourd'hui, il est totalement acquis et intégré dans les procès pénaux d'avoir à la fois un débat sur la régularité de la procédure et un débat sur le fond. Cela ne provoque plus de réactions épidermiques chez les magistrats et est même plébiscité par certains.

On ne considère plus que l'avocat qui fait de la procédure est l'ennemi de la justice. Alors que c'était vraiment le cas en 2001-2002. Il était extrêmement compliqué d'imposer de faire de la procédure et cela créait des tensions très importantes avec la police et certains magistrats, notamment au parquet. Sans compter les confrères dont certains ont rapidement manifesté leur hostilité car des résultats impliquent une augmentation de clientèle et cela provoque – car nous sommes malgré tout des concurrents – certaines animosités. D'autant que certains considèrent que plus on est jeune, moins on a le droit de réussir. Il faut patiemment attendre son heure.

« Vous pouvez aussi prendre la porte ! »

Quand je suis entré dans la profession, mon maître de stage m'a dit :

— Vous savez, si vous voulez être un jour être associé dans le cabinet, il va falloir attendre dix ans. – Or, je n'avais pas dix ans à perdre. Mais c'était la logique : les anciens d'abord ; ensuite, après une dizaine d'années, on pouvait être accepté dans le barreau comme un avocat confirmé ; puis on avait le droit de gagner correctement sa vie et enfin être associé dans un cabinet et espérer faire partie de l'intelligentsia du barreau.

Moi, ces codes-là ne me plaisaient pas du tout et il m'a donc fallu les bousculer. C'est pour cela qu'à l'époque, je n'ai pas fini mon stage de deux ans (qui était alors obligatoire) avant de pouvoir m'installer à mon compte : je n'ai fait qu'un an et six mois. Après un an et trois mois de barreau mon patron m'avait en effet convoqué pour me dire :

— Cela ne va pas, vous êtes passé à la TVA, vous avez trop de clients, vous embouteillez le cabinet, vous ne travaillez pas assez mes dossiers… Bref, il va falloir penser à quitter le cabinet.

Je lui avais alors répondu :

— J'ai une autre proposition à vous faire. Je suis prêt à investir de l'argent dans votre cabinet et à m'associer avec vous.

D'autant que j'étais dans un cabinet qui faisait beaucoup de droit du travail et de droit civil qui étaient des matières qui me passionnaient littéralement. À ce moment-là il m'a répondu :

— Oui, mais moi j'ai une autre proposition : vous pouvez prendre la porte.

J'ai donc pris la porte. Et c'est pour cela que j'ai eu besoin d'une dérogation pour pouvoir créer mon cabinet. Car comme je n'avais qu'un an et six mois de barreau et non deux ans, il me fallait une dérogation du Conseil de l'ordre qui me l'a accordée, nombre de confrères pensant que j'allais me brûler les ailes, que mon cabinet serait rapidement liquidé. Et moi avec.

Aucune vocation d'avocat

Le trajet classique d'un jeune avocat était en effet : intégrer vers vingt-quatre, vingt-cinq ans un cabinet structuré avec un patron, en vue d'une association… S'installer tout seul était un peu osé, en tout cas compliqué.

Après, moi, je ne connaissais pas le barreau ni le métier d'avocat. Et plus généralement, je ne connaissais pas l'institution judiciaire. Je venais d'un monde complètement différent et, ayant été salarié pendant plus de quatre ans, ayant gagné le SMIC, ayant beaucoup voyagé et changé beaucoup d'emploi, en réalité rien ne m'inquiétait.

Cela ne m'impressionnait pas. Si ça marchait, très bien. Si ça ne marchait pas, j'aurais fait autre chose. Sachant qu'au départ, je n'avais aucune vocation pour être avocat. Et qui plus est, le droit pénal ne m'intéressait pas, je n'avais aucune vocation pour cela ni pour autre chose d'ailleurs. C'est ainsi.

« J'ai passé le concours d'avocat comme j'aurais passé celui des postes »

J'ai passé un concours parce qu'il se passait à l'université. C'était pratique, c'est tout ! Si j'ai échoué lamentablement la première fois (j'ai dû finir dans les derniers), la seconde fois, j'ai fini deuxième parce que j'avais travaillé une année très durement en ayant compris où j'étais très mauvais.

Mais j'ai vraiment passé le concours d'avocat comme j'aurais passé celui des postes. Parce qu'un jour, en descendant de la cafétéria que je gérais à la faculté de droit de Besançon, en tant que président de la corpo, je vois un panneau : « Concours CFPA ». Je demande aux copains ce que c'est et ils me disent que c'est le concours d'entrée au barreau. Je me dis « Ah, tiens, c'est sympa ! ». On passe l'examen à la fac et on devient avocat. Magnifique !

À l'époque, je suis en maîtrise de droit et je ne sais pas trop quoi faire. Or, je trouve cela extraordinaire de pouvoir passer le concours à l'étage juste en dessous de là où j'ai mon bureau à la fac pour pouvoir gérer la corpo Droit.

Je me suis donc inscrit l'année d'après. Ce n'est pas passé. Mais un an plus tard, j'ai réussi dans les premiers.

Un total concours de circonstances

Parce qu'avec mes diplômes de droit, qu'est-ce que j'avais ?

Les banques ? Je ne voulais pas. Les assurances ? Non plus. Pas plus que le notariat ou l'immobilier. Je trouvais tout cela très ennuyeux et je n'avais pas repris la fac pour faire quelque chose qui m'aurait ennuyé. Et la seule chose qui était accessible, c'était ce concours-là. Cela a donc été un concours de circonstances total de me retrouver dans cette branche-là.

Lors de mon entrée à l'école d'avocat, le directeur a fait une réunion avec tous les élèves. J'étais avec mon meilleur ami, Claudel Delumeau, qui est aujourd'hui avocat à la Guadeloupe, et le directeur posait à chacun la question de savoir quelle était sa vision de la profession et ses ambitions. Certains répondaient : « Je veux être avocat d'enfants », d'autres « Défendre des gens accusés à tort », etc. Et lorsque notre tour est arrivé, Claudel et moi avons eu la même réponse :

— On veut gagner plus de 20 000 francs par mois.

Fiancé à une jeune Irlandaise

Je me suis réinscrit à l'université à Besançon parce qu'à l'époque, j'étais fiancé avec une jeune Irlandaise. On s'était mis d'accord sur un projet de vie. Moi, je n'avais que le Bac et pour elle, en tant qu'Irlandaise en France, c'était compliqué. Nous avions donc décidé d'un commun accord que je reprennne les études afin d'avoir à terme une vie un peu plus confortable. C'est ainsi que j'ai décidé de reprendre la Fac.

Mais quoi faire ? Médecine m'intéressait mais, comme me l'a toujours dit mon père avec lucidité : « La différence entre toi et un CM2 c'est qu'un CM2 sait faire une addition. » Et c'est vrai ! J'ai eu 1/20 en maths au Bac A1.

Je me suis donc dit que la seule chose qui pouvait m'intéresser et qui menait à tout, c'était le droit. Et j'avais planifié les choses ainsi : quatre ans pour décrocher une maîtrise de droit, puis les concours etc. Cela faisait en gros cinq ans avant d'obtenir un statut de cadre. Le projet était réalisable. Et c'était mieux que ce à quoi je pouvais aspirer si j'avais continué pendant quinze ou vingt ans dans le tourisme.

Je m'inscris donc en droit. En me disant que le droit est un couteau suisse, que c'est une bonne formation et qu'on verra bien où cela me mènera. D'autant que je savais qu'à Besançon, les cours à la fac de droit étaient de très bonne qualité, contrairement à la faculté de lettres, dont j'étais parti au bout de trois mois, désespéré par l'enseignement en Langues étrangères appliquées.

C'est pour cela d'ailleurs que j'avais quitté la France et que j'étais parti étudier les langues tout seul à l'étranger. Parce qu'à la faculté de lettres, j'avais été atterré par la façon complètement chaotique dont on dispensait l'enseignement. Bref, je ne m'y étais pas du tout retrouvé. Alors qu'en droit, c'était structuré.

Le bureau de Badinter

Rappelons au passage que Robert Badinter a enseigné à la faculté de droit de Besançon. Mais c'était bien avant qu'il ne devienne Garde des Sceaux. C'était à la fin des années 1960. J'ai d'ailleurs commencé dans la profession en occupant le bureau qu'il avait en ville. Mon premier poste en tant que collaborateur a été dans le cabinet du bâtonnier de l'époque, chez le père duquel Robert Badinter travaillait lorsqu'il enseignait le droit commercial à l'Université de Besançon.

Pour la petite anecdote, le bâtonnier m'avait raconté que pour sa pause à l'université de droit, Robert Badinter se faisait livrer tous les jours où il enseignait un plateau avec du thé et des gâteaux de la fameuse pâtisserie Baud du centre-ville, directement à la faculté de droit.

Il faut dire qu'il était déjà un grand monsieur à l'université, même s'il n'était pas du tout encore à l'époque l'avocat connu et réputé qu'il est devenu ensuite. Bref, j'ai commencé dans son bureau… que j'ai d'ailleurs immédiatement repeint moi-même parce qu'il n'était pas très beau !

Et voilà donc comment les choses se sont faites. Le choix d'intégrer l'université de droit avait une logique, mais une logique financière et d'insertion dans la société. Parce que, si à vingt ans on peut tout faire, du temps avait passé pour moi et je ne voulais pas me retrouver coincé dans un emploi où je n'aurais pas une rémunération qui me permettrait de vivre comme je l'entendais. Or, ma première motivation était de bien gagner ma vie.

Le « choix » de Besançon

J'avais donc fait un Bac A1, passé à Nice et Saint-Raphaël, puis trois mois à la faculté des lettres de Besançon en LEA. Pourquoi à Besançon ? Parce que mon père était devenu chef d'état-major de la 7e Division Blindée à Besançon. Il commandait auparavant le régiment de Canjuers, à Draguignan, où nous avions passé trois ans. Je venais donc de passer mon Bac et n'avais pas de projets particuliers en quittant Draguignan.

En arrivant à Besançon, je n'ai plus aucun repère. D'autant que, dans le sud, j'avais une vie très active. Passionné d'arts martiaux, j'avais un gros cercle d'amis, je passais ma vie à sortir or là, à Besançon, je me retrouvais seul.

Me voici donc avec mon seul Bac en poche. À ne pas trop savoir quoi faire. Je ne suis pas dans une bonne dynamique, je ne veux pas faire un BTS, la vente ne m'intéresse pas, la seule chose qui m'intéresserait et où je suis bon, ce sont les langues.

Je m'inscris donc en LEA, langues étrangères appliquées, car je parle déjà quasiment couramment anglais et très bien espagnol. Mais à la fac de lettres, patatras : non seulement l'enseignement ne me convient pas du tout mais j'ai d'autant plus de mal à m'intégrer qu'à l'époque, j'ai l'accent et les expressions du sud... Je suis loin d'être Franc-Comtois.

Bref, c'est compliqué. Je travaille néanmoins rapidement en intégrant l'OFUP, la vente d'abonnements à des magazines. Mais au bout de trois mois, je suis complètement déprimé parce que je trouve cela nul, affligeant. Et en cours, on m'explique qu'il va falloir que j'attende la licence voire la maîtrise pour partir à l'étranger... N'ayant pas envie d'attendre, je quitte donc la fac de lettres pour partir travailler un mois et demi à l'usine Maty histoire de gagner un peu d'argent. Et je pars en Espagne, à Valencia.

Dans le tourisme

C'est ainsi que, pendant plusieurs années, avant de revenir à Besançon et d'y intégrer la fac de droit, j'ai fait de tout un peu partout et, comme le chantait Dassin, « sans savoir rien faire ». Tourisme, hôtellerie, etc. En Espagne, en France et en Irlande où je me suis fiancé.

De retour en France, j'ai commencé comme veilleur de nuit à l'hôtel Altea de Besançon (actuellement l'Hôtel Mercure), où je me suis occupé en tant que night auditor de la gestion des factures, du téléphone (à l'époque il n'y avait pas de portables), des arrivées, des petits déjeuners et des statistiques, d'octobre 1991 à juin 1992.

C'est d'ailleurs là que j'ai décidé d'arrêter de travailler dans ce domaine. Parce qu'un jour, je suis tombé sur la fiche de paye de mon directeur. Or, à l'époque, je n'excluais pas de devenir à terme directeur d'hôtel en me disant que cela devait bien gagner.

Mais là, je tombe sur la fiche de paye de mon directeur, qui dirige – qui plus est – deux hôtels, l'Altea et le Mercure pour le groupe Accor. Et je vois qu'il gagne 14 000 francs par mois. Je me dis alors que s'il faut que je bosse pendant vingt ans, en faisant toutes les formations internes dans le groupe pour avoir la vie qu'il a et à 14 000 francs par mois, ce n'est pas la peine.

J'ai donc fait le point avec ma fiancée de l'époque et démissionné. Je suis ensuite allé travailler deux mois dans le camping où j'exerçais auparavant tous les étés, à Régusse, dans le sud, à côté des gorges du Verdon, où j'ai beaucoup d'amis. Et en revenant, je me suis inscrit directement à la fac de droit.

Plus civiliste que pénaliste au départ

Si, ainsi va la vie, ma fiancée est ensuite repartie en Irlande, j'ai pour ma part continué le droit qui m'a rapidement passionné. Mais pas du tout le droit pénal au début ! Davantage le droit civil.

Et sur la fin de mon cursus, j'adorais le droit du travail. Au point que lorsque j'ai passé mon examen à l'école d'avocat, je voulais au départ travailler chez Fidal, un groupe de cabinets spécialisé en droit du travail. Mais je ne convenais pas, car je n'ai jamais eu le profil costume-cravate-raie-sur-le-côté. C'est ainsi que j'ai été pris chez le bâtonnier de l'époque, qui était lui aussi reconnu en droit du travail, mais qui ne cherchait pas à embaucher.

En effet, la première chose qu'il m'a dite lorsque j'ai fait mon stage c'est :

— Je vous prends, mais c'est parce que je suis bâtonnier et que vous ne trouvez pas de stage.

Personne, c'est vrai, ne voulait me prendre en stage. Même si, à l'époque, les stages n'étaient pas rémunérés.

Et il a aussitôt ajouté :

— Et ne vous faites pas d'illusions, il n'y a pas de place chez moi pour vous.

Reste qu'à la fin de mon stage de trois mois, il m'a finalement dit :

— Bon, si vous cherchez une place, je vous embauche.

J'ai donc été embauché comme ça. Avant de prendre la porte quelques mois plus tard pour m'installer à mon compte.

« Je me considère comme un artisan »

On pourrait s'étonner que, pour quelqu'un de mauvais en maths, j'aie réussi à me débrouiller avec le droit, qui nécessite en quelque sorte de résoudre des équations juridiques, avec une mécanique intellectuelle et une logique bien huilée.

Et bien bizarrement, cela m'a plu. Je pense que c'est l'aspect abstrait des mathématiques qui me rebutait. Alors que le côté très concret des équations juridiques me convenait parfaitement.

À une époque d'ailleurs, j'aurais été très intéressé par un métier manuel. Parce que je trouvais fabuleux de concrétiser ses pensées. Or, dans beaucoup de domaines, je trouvais que l'on ne voyait pas assez le côté concret de ce que l'on faisait. Les mathématiques pour moi étaient trop abstraites. Le droit est un travail d'artisan qui me convenait plus. Alors que les mathématiques, qui relèvent davantage pour moi de la poésie ou de la philosophie, procèdent d'une pure architecture intellectuelle. Le droit relevant lui, selon moi, de l'artisanat. Je me considère en effet comme un technicien artisan. Et j'ai donc trouvé là de quoi m'épanouir pleinement.

L'envie, d'emblée, de créer une société d'avocats

Si j'ai commencé par exercer mon métier d'avocat en droit du travail, j'ai été amené à plaider au pénal par les permanences. Au départ, mes premières affaires pénales sont celles du tour de permanence, où l'on est payé par l'aide juridictionnelle.

Cela étant, cette matière ne me perturbe pas, car à l'époque cette permanence pénale fait partie des obligations du barreau. Je m'y mets donc. Et j'arrive à avoir en plus des petits dossiers civils et de droit du travail, de sorte que je gagne très vite ma vie correctement.

Mais je regarde alors le pénal sans grand intérêt. D'autant que je vois déjà que c'est un milieu dans lequel il y a beaucoup d'ego et où je considère que toutes les places sont prises.

C'est seulement quand je vais m'installer à mon compte, embaucher une juriste, puis très rapidement une secrétaire, et que je vais moins bien gagner ma vie car je crée une structure, que je vais commencer à développer ce secteur, par la force des choses.

Car je veux d'emblée absolument créer une société. Mon ambition est de bâtir un cabinet d'avocats bien architecturé, tant je trouve que les autres ne le sont pas assez. Ce sont des petits cabinets qui, certes vivent très bien, mais qui à mes yeux sont trop individualistes. Or moi, j'ai envie de monter une société d'avocats.

« On peut y arriver mais, comme on est singuliers, ce sera par nous-mêmes »

Je pense que cette ambition que j'ai eue tout de suite en m'installant de construire une société d'avocats vient de l'origine, de mes expériences dans le privé comme à la faculté de droit où j'ai géré la cafétéria pendant trois ans.

Le côté business m'a toujours intéressé. À dix-sept, dix-huit, dix-neuf ans, dans le sud de la France, avec mes copains, on faisait de l'argent ! On organisait des soirées payantes à cent cinquante, deux cents personnes où on vendait de l'alcool à gogo tout en gérant le service de sécurité avec des amis des arts martiaux et du Club de Rugby de Draguignan. Jusqu'à ce qu'un jour éclate une énorme bagarre et qu'on finisse tous chez les gendarmes… qui ont sifflé la fin de la récré. Parce que, même si nous faisions assurer les soirées, tout ce que nous faisions était illégal.

Bref, après un gros savon des gendarmes qui nous ont expliqué que nous étions hors des clous parce qu'on ne payait pas la TVA, qu'on vendait de l'alcool sans licence, que personne n'était déclaré et que tout était illégal, on a tout arrêté. Mais ce n'est pas allé plus loin car, à l'époque, ça se passait comme cela. C'était un autre temps.

Mais avec mon meilleur ami Franck Boueri, un Libanais chrétien, on était à fond dans le business, le côté libéral, la France des années Bernard Tapie. À se dire : « On peut y arriver, mais comme on est singuliers, on n'y arrivera que par nous-mêmes ! » Les modèles qui nous paraissaient inaccessibles étaient ceux de nos parents. Lui dont le père gynécologue était propriétaire d'une clinique, avec les études que cela nécessite. Moi avec mon père très jeune colonel et un avenir de général devant lui après avoir fait Saint-Cyr… Moi qui avais eu 1/20 en maths au Bac. Non. Le seul truc que l'on voyait, c'était le business : le commerce, le tourisme, etc.

Et puis, on n'avait peur de rien. Après, je pense que l'on était bien construits et structurés. Me concernant, le seul truc qui m'ait déstabilisé, c'est mon changement géographique puisqu'en arrivant à Besançon, je me suis retrouvé très isolé. Et il a été dès lors plus compliqué de me lancer dans la restauration, le tourisme ou le commerce. Alors que mon ami Franck s'est installé en Thaïlande où il a merveilleusement bien réussi. J'aurais rêvé de faire comme lui, mais à l'époque cette dynamique chez moi a été cassée.

« Ne copie pas, parce que pourquoi ton voisin serait plus intelligent que toi ? »

Je pense que ma confiance en moi vient de mon éducation. Mon père ne m'a pas transmis grand-chose sauf à être honnête, ce qui est déjà beaucoup et même essentiel : ne pas voler, ne pas frapper, respecter autrui. Bref, les fondamentaux. C'est peu, et en même temps c'est beaucoup.

Comme fils d'artisan, il n'a jamais eu le culte de la personnalité ni « le melon » et ce n'était pas un père écrasant. Il m'a aussi enseigné que, dans la vie, il faut s'assumer et pour cela travailler. Peu importe le travail que l'on fait. Il m'a toujours dit :

— Un bon manuel vaudra toujours mieux qu'un mauvais intellectuel.

Ma mère en revanche était très différente. Elle partait du principe que l'on mange tous, on boit tous, on va tous aux toilettes et que, du coup, on est tous au même niveau. De sorte que les seules limites que l'on a sont celles que l'on se fixe. Et si l'on a envie de ne pas s'en fixer, rien n'est inaccessible.

C'est ainsi que ma mère m'a toujours dit :

— Ne copie pas sur ton voisin parce que pourquoi ton voisin serait plus intelligent que toi ? Pourquoi saurait-il plus de choses que toi ?

Je suis donc toujours parti du principe que je n'avais rien à envier aux autres, que je n'avais pas plus mais pas moins de qualités qu'eux et que je n'avais pas à m'excuser d'exister.

Et la phrase que j'ai toujours détestée quand j'étais jeune c'est : « Mais pour qui il se prend celui-là ? ». Ben pour moi ! J'avais conscience que mon existence, tout comme celle des autres, avait une valeur et qu'en fonction de mes actions, j'avais moi-même une valeur.

Le billet de 100 francs

Je me rappelle avoir trouvé un jour un billet de 100 francs dans un magasin. Je devais avoir onze ans, c'était en Alsace, à Dannemarie, quand mon père était en poste au 8e Hussards à Altkirsh. Je l'ai dit à ma mère en rentrant à ma maison. Elle m'a dit :

— C'est très bien, viens, on va immédiatement le rendre au magasin.

Et nous sommes donc repartis redonner les 100 francs à une caissière qui m'a remercié en m'expliquant :

— Si dans un mois personne n'est revenu le chercher, tu viendras le reprendre, il sera à toi.

Un mois après, il était à moi. Simplement voilà : on m'avait appris au passage à ne pas prendre ce qui ne m'appartient pas. Ce sont des leçons de vie. Et l'on s'aperçoit ainsi que, moins on fait de tort à autrui, plus on récupère le fruit de ses actions. Exemple avec ce billet !

Si je ne l'avais pas dit, que je l'avais caché et que je l'avais dépensé en cachette sournoisement, je l'aurais certainement très mal vécu. Là, en le redonnant, j'ai fait ce qui était juste, honnête et transparent.

Je me suis dit que c'était bien, que c'était ainsi que je voulais évoluer dans ma vie. Ce sont des petits apprentissages qui comptent énormément. Après, je pense qu'il est fondamental d'avoir des parents qui donnent confiance.

Même si aucun parent n'est parfait, et si je suis très conscient qu'il n'y a pas de mode d'emploi pour être parent, j'ai eu les fondamentaux. Ensuite, j'ai rapidement voulu voler de mes propres ailes, m'assumer seul. Dès que j'ai eu dix-huit ans, j'ai commencé à travailler. Mon premier travail a été livreur de farine. C'était dur.

Le rôle des arts martiaux

D'un point de vue général, j'ai beaucoup de mal à faire mon travail d'avocat pénaliste face à des gens gentils et sympathiques. En réalité, c'est comme dans les sports de combat. Il est très difficile d'être dur avec quelqu'un qui ne l'est pas. Et plus je suis confronté à un magistrat ou un confrère qui est dur, plus cela me motive.

Je réagis comme un miroir. Lorsque j'ai en face de moi quelqu'un de violent et d'agressif, moi qui ne suis ni l'un ni l'autre, je peux devenir extrêmement raide. Et plus je suis opposé à des gens qui veulent prendre l'ascendant, plus je vais me montrer dur. C'est une vraie motivation. Je n'ai pas fait le service militaire, mais je considère que j'ai eu deux apprentissages dans la vie : l'éducation de mes parents et l'éducation des arts martiaux.

Les arts martiaux n'ont rien à voir avec les sports de combat. L'art martial, c'est un peu pour moi la guerre fleurie : tu me souris je te souris, tu me donnes un coup-de-poing, je te coupe la tête. J'ai ainsi une notion de la proportionnalité totalement disproportionnée. Une gifle ? Je réponds par deux coups de poing. Je suis très conscient d'être d'une subjectivité sans limites et d'avoir développé des qualités dans la mauvaise foi que beaucoup de femmes pourraient m'envier.

Je n'ai donc aucune notion de la proportionnalité, notamment dans les joutes judiciaires, parce que c'est ma personnalité. L'essentiel étant que cela serve le procès et les clients. Et si je peux être très nuancé dans ma vie privée, je ne le suis jamais dans la vie professionnelle.

Un clash en chaussettes

Je me souviens que dès l'un des tout premiers procès que j'ai plaidés en correctionnelle, il y a eu d'emblée un clash. Et pour cause ! Le prévenu était arrivé de prison en chaussettes.

J'ai donc refusé sa comparution, estimant qu'il était indigne de le juger en chaussettes. On s'était écharpé à l'époque avec le procureur de la République qui estimait que s'il n'avait pas mis ses chaussures, ce n'était pas notre problème. Mais le Président avait finalement demandé à ce qu'on ramène le prévenu à la maison d'arrêt pour lui faire mettre des chaussures. Ce qui s'était passé.

Un avocat qui s'excuse de défendre tue son client

Un procès d'assises dont j'ai été spectateur alors que j'étais en maîtrise de droit m'a beaucoup édifié. Et terrifié à la fois. L'accusé était un pédophile et l'avocate a commencé sa plaidoirie en s'excusant et en expliquant que, si elle le défendait, c'est parce qu'elle était tenue de le faire dans le cadre de sa commission d'office.

Et là je me suis dit :

— Un avocat qui s'excuse d'assister quelqu'un le tue.

Il vaut mieux ne pas le défendre. Et c'est d'ailleurs parfaitement possible et sans avoir à rendre de comptes. Mais on n'est pas là pour nous plaider nous-mêmes.

Je n'avais alors aucune idée de ce qu'était ou devait être un avocat, si ce n'est au travers d'une petite culture cinématographique. Mais là, je me suis dit :

— Si un jour je suis avocat, je ne ferai pas comme ça. Un avocat ça doit défendre.

« J'ai failli très tôt devoir tout arrêter »

Je me souviens qu'à mes débuts au pénal, certains journalistes me taquinaient en me disant « Alors Randall, à quel innocent aux mains pleines vas-tu encore prêter ta voix ? » Ils trouvaient que j'étais souvent, sinon dans la rupture, du moins dans l'opposition (et assez frontale) avec les magistrats. Et ces mêmes m'ont dit par la suite qu'ils m'avaient vu heureusement gagner en nuances, étoffer la palette de mes plaidoiries.

Je pense que la déformation que j'ai eue au début est que l'un de mes principaux interlocuteurs dans les échanges d'idées a été mon père. Et, même si on avait des visions diamétralement opposées sur certains sujets, mon père a été toujours extrêmement respectueux de l'autorité.

C'est un fils d'artisan qui devient officier puis général mais qui reste un fils d'artisan admiratif de l'institution, de l'autorité, respectueux de la hiérarchie... Or, je détestais cela.

Qui plus est, j'avais une mère très rebelle, qui était anti tout et ne respectait en rien l'ordre établi.

Je pense donc qu'à mes débuts, j'ai eu tendance à régler ces comptes avec l'autorité. C'est ainsi que je me suis mis en opposition avec les parquets, avec la police, de façon assez puérile, comme je pouvais le faire avec mon père.

Et ceci sans penser aux conséquences puisque mon père ne m'en voulait jamais d'être en opposition avec lui. Les policiers que j'attaquais ? Les magistrats auxquels je m'opposais ? Je pensais naïvement qu'ils ne m'en voudraient pas, parce que ces gens sont intelligents et bienveillants comme mon père.

Je n'avais pas compris, ce que j'ai réalisé par la suite, qu'ils ne sont pas tous bienveillants. Que certains prennent extrêmement mal, et parfois même à titre personnel, des attaques procédurales sur les dossiers.

Et qu'ensuite, derrière, ces gens-là vous attendent au tournant, pour vous rendre la monnaie de votre pièce avec beaucoup plus de violence, car ils ont beaucoup plus de pouvoir. Je m'en suis rendu compte en 2004 quand j'ai carrément failli, très tôt car je n'avais que trois ans de barreau, devoir m'arrêter.

Le vent du boulet

31 décembre 2003. Je sors au Brystol, un bar de nuit de Besançon, avec Agathe, qui deviendra ma femme. On passe une soirée sympathique, je bois modérément comme toujours quand je sors, et, au milieu de la soirée, alors que me rends au bar, j'écrase le pied d'un type sans le faire exprès.

Je lui dis donc « Pardon » et poursuis mon chemin jusqu'au comptoir. C'est alors que le type me tape sur l'épaule et me dit :

— Eh ! Tu m'as écrasé le pied !

Je me retourne :

— Oui, oui. Je suis absolument désolé, je te présente mes excuses.

Il me regarde alors et il me fait :

— La prochaine fois que tu m'écrases le pied, je t'éclate la gueule.

Alors là, non ! Ça, je n'aime pas du tout. Je lui réplique alors sur le même ton :

— Écoute, tu retournes avec tes amis, tu arrêtes de me faire chier et tu ne m'emmerdes plus de la soirée.

Et sur ce, je me retourne vers le bar.

C'est alors que le type me fait pivoter par l'épaule et m'envoie un coup-de-poing phénoménal dans le visage.

Je tombe. Il y a beaucoup de monde. Ça bouge beaucoup. Et lorsque je me relève, c'est la bagarre générale.

Comme à l'époque je savais encore bien me défendre, j'ai cassé le nez de mon agresseur et tordu le bras d'un autre.

Bref, tout le monde est viré de la boîte de nuit et je me retrouve sur le parvis qui donne sur l'avenue Droz, juste en face de l'ancien hôtel où j'ai travaillé à mon retour à Besançon.

« Me suspendre ! Mais pourquoi ? »

Il y a donc là trois types par terre, mon agresseur et ses copains, plus d'autres personnes.

C'est alors qu'une patrouille de police intervient. Ils s'arrêtent :

— Bonsoir, qu'est-ce qui s'est passé ?

J'explique que je viens d'être agressé par ces trois personnages, que je me suis défendu et qu'ils peuvent les interpeller.

Les policiers commencent à interroger le trio, une autre patrouille arrive et, à un moment, un policier revient vers moi en me demandant :

— Vous êtes blessé ?... Non, vous n'avez pas de marques.

Or il se trouve que j'ai un problème de sang. J'ai un sang très épais qui cicatrise très vite et je suis sous anticoagulant depuis des années. C'est ce qui explique que je n'ai jamais marqué, que je n'ai pas de traces des coups que j'ai reçus.

Le policier reprend alors :

— Vous avez vu les trois-là dans quel état ils sont ?

Je lui fais remarquer qu'ils étaient passablement ivres. Mais ce que je ne savais pas, c'est que l'un des jeunes, celui sur le pied duquel j'avais marché, était gendarme.

C'est alors que le policier me scotche :

— Écoutez, ça ne va pas ce que vous nous dites. A priori, c'est vous l'agresseur. Vous n'avez rien, aucune trace donc manifestement vous n'avez pas reçu de coups.

Et là, j'explose :

— Mais non ! Faites votre « putain » de boulot, arrêtez ces « putains de connards » !

Bref, je m'exprime très mal et à l'anglo-saxonne. Parce que quand on vit en Angleterre ou en Irlande, le terme « fucking » (putain) est très utilisé. Et à l'époque, je m'exprime encore beaucoup comme cela. Je leur dis donc d'arrêter ces « putains de connards », de faire leur « putain de boulot », etc.

Et sur ce, je prends Agathe, ma future épouse, on monte dans mon Alfa Romeo devant les policiers et on s'en va.

Le lendemain dimanche, rien. Mais le lundi, un journaliste m'appelle en me disant :

— Écoute Randall, ça va être chaud. Des policiers nous ont contactés pour nous transmettre un procès-verbal d'intervention faisant état du fait que tu étais ivre mort le 31 décembre, que tu as agressé trois personnes dans une boîte de nuit, que tu as outragé et insulté les policiers et que tu as ensuite pris la fuite en voiture.

Je tombe de l'armoire. C'est quoi cette histoire ?

Et je suis immédiatement très inquiet. J'ai raison de l'être. Et cela ne rate pas. Le téléphone sonne. C'est le bâtonnier :

— Randall, il faut que je te voie immédiatement.

— Ah…

OK. Je n'ai pas encore trois ans de barreau, je ne suis pas riche, je viens d'acheter une maison… L'horreur !

Je me rends donc chez le bâtonnier qui me dit :

— J'ai reçu un procès-verbal de synthèse de la part de la police, je vais devoir te suspendre…

— Me suspendre ? Mais pourquoi ? J'ai été agressé ! Je me suis défendu !

Il me rétorque alors que :

— Non, non, non !

Et là, il se met à me lire le procès-verbal de synthèse de police.

Catastrophique !

Selon eux, c'est moi qui ai agressé les trois personnes, j'étais saoul, j'ai insulté et outragé les policiers, j'ai pris la fuite en voiture complètement ivre, etc.

À l'époque, je suis heureusement copain avec un magistrat qui est substitut du procureur. Je lui en parle en lui disant que je suis très embêté.

« Bon. C'est vous Schwerdorffer ? »

Or, il se trouve qu'un nouveau procureur de la République vient d'arriver.

Je ne le connais pas encore mais ce ne pourra pas être pire qu'avec son prédécesseur qui me détestait, me méprisait profondément et qui, s'il avait toujours été en poste, aurait je pense été ravi de m'exécuter.

En attendant, mon copain du parquet me conseille d'anticiper, de prendre rendez-vous avec le nouveau procureur.

Ce que je m'empresse de faire et le procureur accepte de me recevoir.

Je me rappelle mon entrée dans son bureau qui sur le moment m'a paru immense. Le procureur, d'un ton très sec, me dit d'entrer et de m'asseoir. Ce que je fais.

Il est en train d'écouter de la musique classique et, pendant dix minutes, il ne dit aucun mot. L'horreur. D'autant que j'ai vraiment peur. Parce que c'est le procureur de la République, qu'il peut ordonner des poursuites et qu'il a droit de vie ou de mort professionnelle sur moi à ce moment-là.

Au bout de dix minutes donc, qui me semblent une éternité, il me regarde et me dit :

— Bon. C'est vous Schwerdorffer ?

— Oui.

— Écoutez. On m'a beaucoup parlé de vous. Personnellement, je ne vous connais pas. Je n'ai rien contre vous. Ni rien pour vous.

Mais il y a une chose qui ne me va pas. Je ne comprends pas que deux équipages de police m'expliquent qu'un avocat ivre les a outragés, est monté dans sa voiture devant eux et est tranquillement rentré chez lui à quinze kilomètres de là sans que personne ne l'interpelle.

Puis il poursuit :

— Moi, j'ai l'impression qu'on me raconte une histoire. C'est pourquoi je vais ordonner une enquête sérieuse. Je vais transmettre le dossier à la police judiciaire – et non à la sûreté départementale – et puis on verra le résultat. Soit vous avez « déconné » et tant pis pour vous. Soit vous n'avez pas « déconné » et on verra.

Six mois de tabouret pointu

Et nous voilà partis pour six mois d'enquête. Six mois de ce que j'appelle le tabouret pointu, car les confrères ne me parlaient plus parce qu'ils pensaient que j'allais être radié du barreau, le bâtonnier ayant accepté – à l'initiative du procureur – de ne pas me suspendre dans l'attente des résultats de l'enquête.

Les magistrats souriaient en se disant : « Ça y est, Schwerdorffer, c'est fini. »

Les jeunes avocats qui avaient fait l'école avec moi en parlaient entre eux sur l'air du « Bon ben tu vois, il s'est cramé, c'est fini pour lui, dans six mois il n'est plus au barreau ».

Quant à moi, je me demandais comment j'allais payer la maison que je venais d'acheter.

J'ai donc vécu six mois très compliqués…

Jusqu'au jour où je reçois une lettre du procureur de la République. Pas une lettre type mais un courrier très sympathique où il m'écrit qu'il a le plaisir de m'annoncer en substance que : « L'enquête a été réalisée et il en ressort que vous avez été victime d'une agression, que vous vous êtes défendu, que manifestement, suite aux investigations, vous n'étiez pas ivre contrairement à ce qui a été affirmé et que, donc, vous n'avez pas conduit sous l'empire d'un état alcoolique, etc. En conséquence de quoi j'ai le privilège de classer sans suite. Et j'adresse copie pour information au bâtonnier. »

Ouf ! Sauf que le bâtonnier me convoque dans la foulée et me dit que, même si le procureur a classé sans suite, lui considère que j'ai quand même commis des fautes morales. Mais que pour autant, il ne saisit pas le Conseil de l'ordre…

D'accord. Mais je me rends alors compte que la profession est moins bienveillante que le procureur de la République. Et je me dis qu'il va falloir être prudent.

Je ne le serai pas… Mais j'ai déjà senti le vent du boulet.

« Tiens, c'est Schwerdorffer, on va se le faire »

J'ai su ensuite, par une consœur et amie, que la voiture de police qui était intervenue lors de cet épisode du Brystol qui a failli me faire radier du barreau était là depuis le début. Que les policiers nous ont donc vu sortir et qu'ils n'ont décidé d'intervenir que lorsque l'un d'eux m'a reconnu.

Ils se sont alors dit : « Tiens, c'est Schwerdorffer, on va se le faire. » Or moi, je pensais qu'ils étaient intervenus de manière inopinée. Pour un simple contrôle. Car ça ne se battait plus une fois dehors. Il y avait juste les trois types, un couché et les deux autres assis dans l'herbe, mais il n'y avait plus de coups. Il s'est donc avéré par la suite que cette intervention des policiers n'avait rien eu de bienveillante. Notamment à mon égard. »

Des lingots d'or bien plombants

La radiation du barreau, je l'ai aussi frisée quelques mois plus tard, avec l'affaire P. et ses lingots d'or. Tout commence par un restaurateur bisontin chez qui nous allions manger de temps en temps. Sa femme et lui savent que nous aimons les bêtes et sa femme m'interpelle un jour :

— Ah, je sais que vous avez un labrador et que vous aimez les animaux. J'ai un ami qui a un labrador, est-ce que ça vous intéresse de l'acheter ?

Je lui réponds alors que non, cela ne m'intéresse pas d'acheter un animal (il y en a tellement d'abandonnés). Mais que, s'il souhaite s'en débarrasser, comme j'ai effectivement un labrador, qu'il est tout seul et que j'ai beaucoup de terrain, à ce moment-là pourquoi pas.

C'est ainsi que l'individu en question vient un jour à la maison avec son labrador. Je vois qu'il a un très beau 4x4, il me dit qu'il en a marre du chien, que c'est un cadeau de Noël mais qu'il est sale et qu'il prend trop de place, etc.

Je lui dis de me le laisser un week-end à l'essai pour voir s'il s'entend avec mon chien, un labrador beige que j'ai appelé Wayatt. Ce qu'il fait.

Et lorsqu'il revient à l'issue du week-end, il me lance :

— Alors, mon chien vous intéresse ?

— Non. Mais si vous n'en voulez plus, je le garde.

— Écoutez, je vous le vends.

— Non, désolé. Je n'achète pas un chien dans ces conditions. C'est ridicule, reprenez-le.

Sur ce, il reprend son labrador et il s'en va.

Une semaine passe et il me rappelle :

— Vous le voulez toujours si je vous le donne ?

— Oui.

Et je récupère son chien…

Un mois plus tard le téléphone sonne :

— Section de recherches de la gendarmerie, bonjour. Nous vous téléphonons pour une garde à vue concernant un vol d'or. Il y en a pour une trentaine de kilos qui sont reprochés à Monsieur P. Il vous demande pour l'assister. Il dit qu'il est un de vos amis…

Mais qu'est-ce que c'est que cette histoire ? En effet, je ne vois pas du tout de qui il s'agit.

Je réponds néanmoins que j'arrive et, lorsque je me présente à la section de recherches (SR), je vois celui qui m'a donné son chien et que j'ai vu seulement deux fois dans ma vie qui lève les bras au ciel en me voyant et s'écrie :

— Randall, Randall ! Je suis là !

Et il se met à me tutoyer :

— Comment tu vas ? Ah ! Je suis content que tu sois venu !

Tout de suite, je vois les gendarmes qui commencent à « tiquer ».

Je l'écoute néanmoins puis je vais voir le directeur d'enquête. Il me propose un café comme ils le font toujours, pour débriefer un peu. J'accepte. C'est d'ailleurs toujours assez sympathique chez les gendarmes de ce côté-là. On boit donc un café et il me dit :

— C'est un de vos copains, Monsieur P…

— Non, non, pas du tout, je ne le connais pas.

— Mais si, il vous a même donné un chien !

— Oui bien sûr, mais cela s'est fait comme ça et je ne le connais pas plus que cela.

C'est alors qu'il me lance :

— Et est-ce que vous connaissez Monsieur Y. ?

Il s'agissait en fait du restaurateur, mais je ne le savais pas, je ne connaissais que son prénom. Je réponds donc :

— Pas du tout.

Et là, je vois le gendarme qui se marre :

— Bon, d'accord…

Je fais l'audition de garde à vue de Monsieur P., j'accepte d'intervenir parce que le dossier est beau : le directeur d'une usine qui utilise des métaux précieux détourne à son profit une partie des stocks de ces mêmes métaux précieux.

Le soir, le téléphone sonne :

— Bonsoir, c'est Monsieur X, je suis chirurgien, vous êtes l'avocat de mon meilleur ami, Monsieur P.

— Oui.

— Je suis très embêté car j'ai découvert chez moi des lingots d'or.

— Ah…

— Il y a aussi des métaux précieux, de l'argent, etc. Je ne sais pas quoi faire. Est-ce que vous pouvez venir chez moi ?

Et il me donne son adresse. Il s'avère qu'il n'habite pas loin de chez moi. Je lui dis :

— J'arrive.

« Toc toc toc, Gendarmerie ! »

J'explique la situation à ma femme, avocate elle aussi, qui s'alarme :

— Mais tu es complètement dingue, tu ne peux pas faire ça !

Je lui réponds alors en lui demandant :

— Quel texte du Code de procédure pénale m'interdit d'aller voir une personne qui peut être témoin ?

Comme elle ne trouve pas de réponse, elle me réplique :

— Tout simplement le bon sens, la prudence !

Mais je lui rétorque qu'à mon âge, le bon sens et la prudence, cela n'existe pas. Et me voici parti.

Je prends mon Alfa Romeo. Il y a alors cinquante centimètres de neige, c'est l'horreur. Je pars dans le petit village à côté où habite le chirurgien.

J'arrive chez lui vers une heure du matin. Il me reçoit, me fait faire le tour de sa maison et me montre les lingots d'or. Comme il fait froid, j'ai mes gants et je prends un ou deux lingots pour les regarder.

Le chirurgien s'absente alors pour me faire un café. Il revient et, en buvant son café avec moi, il me pose plein de questions sur l'affaire.

Je lui explique que je n'ai pas le droit de lui répondre que je ne peux rien lui dire, mais qu'en revanche, on peut régler son problème. Et je lui explique :

— On va appeler la section de recherches (S.R.) et on va faire une remise volontaire de tout ce qu'il y a. Parce qu'imaginons que vous soyez braqué cette nuit ? Ou que demain la SR débarque ? Mieux vaut anticiper !

Il me dit qu'il n'a rien à voir avec cette affaire. Que c'est son ami Monsieur P. qui a déposé tout cela chez lui, qu'il n'en savait rien et que c'est suite à son interpellation qu'il a vérifié ce qui avait été entreposé dans son garage.

J'appelle donc la section de recherches et je tombe sur un gendarme qui, plus tard, deviendra huissier de justice et que je côtoierai régulièrement au tribunal. Je lui dis :

— Voilà, je suis chez le chirurgien X. Il y a des métaux précieux dont des lingots d'or à son domicile et il souhaiterait vous les remettre.

— Ah… Vous êtes où ?

Je lui donne l'adresse et il me dit :

— D'accord, on arrive.

Deux heures du matin, personne. Deux heures trente : « Toc toc toc, Gendarmerie ! » Et là je tombe nez à nez avec le capitaine de gendarmerie de la SR, le directeur d'enquête est là lui aussi… plus une dizaine de gendarmes qui entourent la maison.

Là, je me dis que « Tiens, l'ambiance est bizarre… » Mais je n'en décoche pas moins un :

— Bonsoir capitaine, entrez, Monsieur X. va vous remettre les lingots.

Et là il me dit :

— Non.

— Pourquoi ?

— Parce que si on rentre, vous voyez, comme il n'est pas six heures du matin, qu'est-ce que vous allez faire une fois qu'on aura pris l'or ? Vous allez soulever la nullité de la perquisition. Et donc, on aura tout faux. Non. Vous savez ce que l'on va faire ? On va attendre six heures du matin !

Aïe ! Je réalise que cela ne se passe pas du tout comme prévu…

C'est la panade.

Bon. Appel du juge d'instruction, appel du procureur… Et le juge d'instruction autorise les gendarmes, dans le cadre d'une remise volontaire – qui juridiquement se tenait – à intervenir. Et là, je constate qu'on m'écarte du chirurgien.

Les gendarmes récupèrent l'or. Je n'ai plus du tout accès au chirurgien mais je vois que cela ne se passe pas bien pour lui. Et à un moment, je dois m'en aller. Mais il y a trop de neige, ma voiture ne parvient pas à repartir et les gendarmes me ramènent en voiture. Et ils voient ma maison, belle maison, avec grand terrain, et ils commencent à se poser des questions…

Un parquetier en plein dérapage incontrôlé

Le lundi suivant, quand je retourne au palais, plus personne ne me parle. Les magistrats ne me décrochent pas un mot. Le parquet non plus. Bref, je sens qu'il y a un vrai problème. Et là, j'apprends qu'en réalité, une enquête est en cours à mon encontre pour recel et complicité d'aide et assistance avec le fameux directeur, Monsieur P., que j'ai assisté en garde-à-vue.

Je comprends alors qu'en réalité, le problème est venu du fait que j'ai toujours dit que je ne connaissais pas Monsieur Y., soupçonné d'être le complice de P. et que les gendarmes savent que je le connais puisque c'est sa femme qui nous a mis en relation, P. et moi. Sauf que je ne connais pas Monsieur Y. par son nom, car je ne l'ai toujours appelé que par son prénom.

Et ce qu'il s'est passé avant la fin de la garde-à-vue de P. – car tout cela se passe le temps de cette garde-à-vue – c'est que le lendemain de cette perquisition chez le chirurgien qui me met en délicatesse, celui-ci, qui a peur, dit aux gendarmes :

— Schwerdorffer est bizarre. Je le soupçonne d'avoir effacé les empreintes sur les lingots avec ses gants. En effet, je l'ai laissé seul le temps de lui faire un café et il a manipulé les lingots.

Les gendarmes commencent donc à penser que je suis complice. Et que j'ai effacé les empreintes de Monsieur Y., le restaurateur ; Il est vrai qu'on pouvait l'imaginer.

Or moi, j'ignore tout cela !

Et quand je revois Monsieur P. en fin de garde-à-vue, il me dit qu'il va balancer Monsieur Y. comme étant le commanditaire des vols.

— Pardon ?

— Oui. Un substitut du procureur est venu me voir et m'a dit : « On sait que derrière vous, il y a Monsieur Y. qui écoule l'or que vous détournez. Et si vous le dénoncez, vous serez placé sous contrôle judiciaire. »

C'est ainsi que Monsieur P. dénonce Monsieur Y. à la fin de sa dernière audition de garde-à-vue. À partir de ce que lui aurait dit, selon lui, un substitut du procureur.

Je lui demande alors :

— Monsieur, c'est vrai ou ce n'est pas vrai que Monsieur Y. écoule l'or ?

— Non. Ce n'est pas vrai.

— Alors c'est ignoble ! Vous ne pouvez pas faire une chose pareille. Et qui plus est, de toute façon, l'enquête petit à petit va démontrer que c'est faux.

— C'est vrai que c'est dégueulasse…

Il réfléchit. Et quand on va chez le juge d'instruction, on entre, le substitut qu'il a vu n'est pas loin du bureau du juge d'instruction. Il y a deux gendarmes de la SR dans le cabinet du juge et deux dehors en train de discuter avec le substitut en question.

Le juge d'instruction demande alors à Monsieur P. :

— Confirmez-vous que Monsieur Y. est le donneur d'ordre et que c'est lui ensuite qui écoule l'or et les métaux précieux que vous avez détournés ?

— Non. Ce n'est pas vrai. Je vais vous dire la vérité. C'est le substitut Untel – et il le nomme – qui est venu me voir en garde-à-vue, hors présence de l'avocat, et qui m'a mis le marché en main.

Le juge d'instruction acte tout cela puis annonce qu'il va saisir le Juge des libertés et de la détention, en demandant l'incarcération.

Bon. C'est alors que l'un des gendarmes qui se trouvaient avec nous dans le cabinet du juge d'instruction sort.

On finit, on relit, on signe et brusquement la porte s'ouvre. C'est le substitut. Et en sortant je le vois face à moi. Monsieur P. est derrière et j'entends :

— P. espèce de sale enfoiré, je vais te péter la gueule !

Furieux, le substitut est en plein dérapage incontrôlé. Parce que le gendarme vient de lui expliquer que Monsieur P. est revenu sur sa déposition et l'a même mouillé.

Les gendarmes sautent sur le substitut pour l'empêcher de frapper mon client. C'est super violent. Il insulte et menace…

J'annonce à haute voix à mon client que je vais saisir le CSM, Conseil supérieur de la magistrature. Que ce substitut va être radié de la magistrature. Tout cela sous les yeux du juge d'instruction… Mais je suis furax.

Voilà donc où en est la situation : je suis soupçonné, le substitut a fait n'importe quoi, j'ai fait n'importe quoi – il faut bien le reconnaître – et c'est là où, de nouveau, le procureur m'appelle :

— Maître Schwerdorffer, il faut que je vous voie.

Lorsque je le rencontre, il m'explique :

— J'ai connaissance de l'incident qui vient de se passer. Je sais vos agissements et je vais vous dire comment je vois les choses. Je pense que vous êtes un homme honnête. Je suis persuadé que vous n'êtes impliqué en rien dans cette affaire-là et que les gendarmes se sont fait un scénario [effectivement, on verra qu'il n'y a aucun lien entre Monsieur Y. et moi, tout cela apparaîtra très facilement]. Il n'empêche que vous n'aviez pas à aller chez Monsieur X. ce soir-là. Et que vous ne deviez pas toucher les lingots. Bref, je mets cela sur le compte de votre jeunesse, de votre inexpérience et de votre fougue.

Il marque un arrêt puis embraye :

— Le problème, c'est que j'ai un substitut qui est comme vous. Il est à mes yeux mon meilleur substitut mais, selon moi, lui aussi a fait n'importe quoi, autant que vous d'ailleurs.

Et il s'interroge :

— Qu'est-ce que je vais faire avec mes deux enfants terribles ?

Je lui réponds que je compte pour ma part saisir le Conseil supérieur de la magistrature…

Il me coupe :

— Écoutez. Soyez intelligent…

Et m'explique :

— Alors que j'étais juge d'instruction, j'ai eu un avocat qui était une star du barreau mais dont je n'appréciais pas les méthodes. Un jour, il est venu dans mon bureau, nous avons eu une altercation dans mon bureau. Il a déposé plainte contre moi. J'étais cuit. J'ai été convoqué à la Chancellerie et là, j'ai eu la chance d'être reçu par un magistrat qui m'a dit : « Une fois, pas deux ! On a tous le droit d'être "con" une fois, pas deux. C'est clair ? ». Cela a été très clair. Il n'y a pas eu de procédure et cela ne s'est plus jamais reproduit… Je vais faire pareil avec vous. Je dessaisis mon substitut, je vous demande de vous déporter du dossier parce que l'intelligence l'exige et, concernant votre plainte, ne mettez pas en danger la carrière de quelqu'un qui est un type bien, juste pour une erreur.

Je n'avais pas pensé à tout cela. Je n'avais pas réfléchi que le substitut avait une famille, que cela pouvait avoir des incidences gravissimes pour sa vie. On était dans le chaud, dans la violence de la confrontation entre la défense et le parquet et, heureusement, je venais de tomber sur un type intelligent, capable d'analyser et qui, comme mon père l'aurait fait, était en train de me dire : « Mais vous avez tous les deux tort, soyez intelligent ! »

Heureusement que ce procureur de la République était quelqu'un d'intelligent ! Il a joué un rôle de médiateur et les choses se sont apaisées au point que, quelques années plus tard, nous sommes devenus très amis ce substitut et moi. Alors que nos rapports au départ avaient été d'une violence inouïe.

Une fois de plus, l'enquête va démontrer que je n'ai aucun lien avec les uns et les autres, mais la façon de se mettre en danger dans un dossier – qui sera aussi le cas dans d'autres affaires par la suite, comme le dossier Daval ou le dossier Péchier – sont des choses qui peuvent nous exposer à la mort professionnelle.

Reste qu'il y a des fois où il faut prendre des risques. Et puis, il faut aussi de la chance. C'est comme un examen : tout dépend parfois de l'examinateur. Mais c'est là aussi où l'on constate que la justice peut être très dangereuse. Parce que dans cette affaire de Messieurs P. et Y., je ne comprenais pas du tout ce qu'il se passait dans mon dos. Or, j'aurais pu être broyé. C'est tout le problème de l'expérience et de l'inexpérience…

« Si on évitait toutes les erreurs… »

J'ai depuis appris à être beaucoup plus prudent. Mais je commettrai sans doute d'autres imprudences ! Je dis souvent qu'il faudrait quatre-vingts ans de vie, comme autant d'années de brouillon, pour faire quatre-vingts ans de vie correcte. Là, si je refaisais mon parcours jusqu'à cinquante-deux ans, j'éviterais toutes les erreurs !

Mais je crois en même temps que si j'évitais toutes les erreurs, ma vie pourrait être une catastrophe. Le problème est là. C'est le mystère des hasards de l'existence. Après, j'ai toujours été honnête et sincère. Mais j'ai remarqué que la machine policière pouvait s'emballer très vite. C'est aussi pour cela que le sentiment de l'injustice est un sentiment directeur dans le travail de l'avocat. Et je ne peux pas m'empêcher de penser à certaines affaires où la construction intellectuelle des enquêteurs, ou des magistrats, peut être aux antipodes de la réalité.

C'est aussi pour cette raison que je suis surinvesti dans le dossier Péchier, cet anesthésiste bisontin accusé d'empoisonnements. Parce que je suis convaincu que l'on est purement dans la construction intellectuelle pour conduire à la culpabilité d'une personne. Tout cela parce qu'au bout du compte, la justice ne peut pas avoir investi et accusé autant pour se tromper.

A-t-on déjà vu un juge d'Instruction après des années d'enquête simplement dire « On s'est trompé, on arrête » ? Non. Alors que moi, dans l'affaire des lingots, j'ai eu la chance que le procureur de la République dise « Stop ! » très tôt.

Dysfonctionnements

S'agissant d'injustice, je citerai par exemple cette affaire particulièrement éloquente à mon sens. Me voici appelé pour la garde-à-vue d'un Pontissalien, turc, censé être un des pontes de la mouvance des Loups Gris, que j'avais défendu pour un trafic d'armes à la Cour d'appel et dont j'avais fait réduire la peine.

Cette fois, on lui reproche un trafic de stupéfiants. J'interviens donc pour lui et, lorsqu'il est mis en examen par le juge d'instruction de l'époque – nous sommes en 2004 – celui-ci lui pose une question :

— Est-ce que Monsieur Z. est votre fournisseur ?

Mon client répond par la négative. Il ne connaît pas ce Monsieur Z. Après quoi, le voici mis en examen, et placé en détention.

Or, en étudiant le dossier, je ne trouve absolument aucun élément mentionnant ou pouvant prêter à pense que Monsieur Z. pourrait être le fournisseur de mon client. Pire ! Le nom de Monsieur Z. ne figure même pas dans la procédure. Bien que le dossier soit très volumineux, je lis et relis chaque pièce… mais je ne trouve toujours aucune mention de ce Monsieur Z.

J'explique cela au juge d'instruction par écrit et je formule dans la foulée une demande de remise en liberté… que le juge refuse. J'explique cela à la Chambre de l'Instruction qui, incrédule, maintient elle aussi mon client en détention.

Et tout cela va durer pendant seize mois où je vais faire des mémoires, crier au scandale, etc. Mais comme l'instruction est secrète, rien de tout cela n'est public. C'est entre moi, le parquet, le juge d'instruction et la Chambre de l'Instruction.

Alors, j'écris une lettre à mon client détenu en lui disant que je vais faire citer le juge d'instruction pour être entendu dans son propre dossier devant la Chambre de l'Instruction. Cela ne se fait jamais, mais je ne parviens pas à comprendre comment il a pu poser cette question concernant ce Monsieur Z. Et je veux savoir d'où ce nom est sorti.

Je vois un jour le substitut en charge du dossier et je lui explique :

— Le dossier va être clôturé et je vais avoir une relaxe du tonnerre ! Et derrière, il va falloir payer le prix, parce qu'il va y avoir l'indemnisation de la détention provisoire et cela va coûter cher ! Sans compter qu'il va falloir s'expliquer concernant certaines choses. Notamment comment le nom de Monsieur Z. a été tiré du chapeau.

Et là, le substitut me regarde et me dit :

— Il peut aussi y avoir un non-lieu…

Je ne m'attendais pas à cela.

Résultat : fin de l'instruction, réquisitions de non-lieu, remise en liberté, non-lieu et naturellement procédure d'indemnisation.

Ce n'est que quelques années plus tard que j'ai eu le fin mot de cette affaire. Lorsque ce substitut m'a expliqué :

— Concernant ce nom de Monsieur Z., vous aviez raison. C'est un des enquêteurs qui l'a donné au juge d'instruction, parce que c'était ce qu'il pensait. Et effectivement, il n'y a jamais eu aucun procès-verbal concernant ce Monsieur Z. dans le dossier.

Sauf que le juge d'instruction s'est planté. Il n'aurait jamais dû poser la question. Mais c'était fait, il était trop tard. Or, il s'agissait juste d'une information qui n'avait pas été vérifiée et qui d'ailleurs n'a strictement rien donné par la suite.

Là aussi, on en apprend beaucoup sur la façon de fonctionner (ou plutôt de dysfonctionner parfois) entre un juge d'instruction et ses enquêteurs qui vont lui donner des informations dans une discussion à laquelle la défense ne participe pas. Alors que l'avocat croit avoir accès à tout, on lui cache parfois des choses et certaines peuvent être importantes. Voire déterminantes.

J'avais compris qu'il manquait quelque chose dans le dossier. Ce qu'il me manquait, c'était la discussion entre le directeur d'enquête et le juge d'instruction qui avait suffisamment pour placer en garde-à-vue le mis en cause, mais pas assez pour le mettre en examen.

Or en réalité, ce fameux fournisseur Monsieur Z. n'avait aucun rapport avec mon client. Lequel a donc été remis en liberté et, avec l'indemnisation perçue pour ses mois de détention provisoire, s'est payé un restaurant qu'il exploite toujours.

Amusé par Outreau

Lorsque je m'installe à mon compte, je ne suis absolument pas l'actualité pénale. Je suis cependant très amusé par l'affaire d'Outreau parce qu'elle remet en cause l'institution, mais sans comprendre en quoi elle la remet en cause, parce que je n'ai pas à l'époque la pratique qui me permet d'en appréhender tous les ressorts.

Ceci étant, je suis très intéressé par l'attitude des magistrats impliqués et la façon dont eux-mêmes n'assument pas et se défendent à grands renforts d'avocats stars lorsqu'ils sont appelés à comparaître devant les commissions.

La façon aussi dont le corps de la magistrature s'exonère de toute responsabilité. Parce qu'il ne faut pas oublier une chose dans l'affaire d'Outreau, c'est qu'il y avait un procureur de la République, un juge des libertés et de la détention et une Chambre de l'Instruction : le juge d'instruction n'était pas seul, loin de là !

Et puis, j'ai commencé à réaliser que certains magistrats étaient dans la toute-puissance. Dans l'affaire de mon client turc pontissalien, je me suis aperçu que lorsque l'institution était de mauvaise foi, on ne pouvait rien faire, ou pas grand-chose, tant que l'instruction était en cours. Au procès, c'est différent.

Dans le même temps, je trouve intéressant que l'on soit à l'époque en train de s'orienter vers une procédure accusatoire. Avec plus de pouvoirs pour la défense et moins de pouvoirs au juge d'instruction, notamment avec la création du JLD (juge des libertés et de la détention).

« Comment pouvez-vous juger ? »

Et il y a aussi une réforme très importante qui survient alors et que j'ai suivie de près car elle a mis un terme à un système dont j'avais subi les conséquences : c'est la réforme Guigou qui va permettre aux avocats de pratiquer le contre-interrogatoire en Cour d'assises.

Car jusqu'à la loi du 15 juin 2000, lorsque l'avocat voulait poser une question à un témoin, à un expert ou à un directeur d'enquête, il fallait passer par le président.

Et cela pouvait donner lieu à des dialogues comme celui-ci :

— Monsieur le président, je souhaiterais poser une question.

— Oui maître, quelle est-elle ?

— J'aimerais savoir pourquoi Monsieur le directeur d'enquête a mis autant de temps à interpeller le suspect.

— Je ne vois pas l'intérêt de votre question Maître.

— Ah… Moi si. J'insiste.

— Alors reformulez-la !

— Non, je souhaiterais la poser comme cela.

— Hé bien je ne la pose pas. C'est moi qui ai la police de l'audience.

C'était non seulement très Ancien régime mais aussi très infantilisant et il n'y avait aucune dynamique. Le fameux témoin, le temps que la question lui parvienne, qui plus est reformulée par le président, et qu'il doive y répondre, avait le temps d'y réfléchir par deux fois.

C'est ainsi que lors de mon premier procès d'assises, qui portait sur une affaire de viol, la plaignante avait déposé plainte, mais sa plainte n'avait été prise en compte que deux ans plus tard par la brigade des mineurs. Ceci parce qu'on la connaissait : on savait qu'elle affabulait souvent, qu'elle était toxicomane et participait volontairement à des tournantes.

Mais, bizarrement, cette affaire avait fini par émerger grâce à un éducateur qui a pris fait et cause pour elle et, quand l'affaire a pris, elle a pris. De sorte que, deux ans après de dépôt de plainte, le mis en cause, que je défendais, a été interpellé.

Ma question à l'enquêteur devant la Cour d'assises était donc :

— Si vous ne l'avez pas interpellé deux ans avant, n'est-ce pas que vous n'avez pas vraiment cru en cette affaire ?

Mais le directeur d'enquête avait un leitmotiv qui était de dire :

— Non. C'est seulement qu'à l'époque, nous étions débordés par des affaires plus importantes.

Mais nous étions en Cour d'assises ! Mineure violée, tournante : affaire criminelle ! Qu'y a-t-il de plus grave ? Un meurtre. Or, le directeur d'enquête ne gérait pas cinquante meurtres. Sa réponse était donc un mensonge.

Mais je n'ai pas pu l'interroger correctement parce que la présidente a tout fait pour que ma question ne porte pas en la discréditant auprès des jurés.

Et lorsque j'ai plaidé, j'ai fait savoir aux jurés de la Cour d'assises que j'étais scandalisé par le fait que, durant toute l'audience qui avait duré cinq jours, pas un n'avait pris une note !

Je leur avais alors lancé :

— Comment pouvez-vous juger ?

Car je m'étais rendu compte que l'hégémonie de la présidente avait décomplexé les jurés. Elle avait agi telle une mère poule en leur faisant sentir qu'en substance « ne vous inquiétez pas, l'intime conviction, c'est comme une intime intuition, vivez les choses librement, je suis là, je veille au grain… ».

Nous avons ainsi eu une session de Cour d'assises très violente. Je n'étais pas allé la saluer au début du procès, parce que je n'appréciais pas sa manière de faire, que je la trouvais partiale et qu'elle phagocytait les débats. D'ailleurs, dès l'appel des accusés, dont le mien, qui était mon premier accusé d'assises (c'était en novembre 2001, j'avais alors onze mois de barreau), elle lui avait lancé :

— Mais vous avez qui comme avocat Monsieur ?

— J'ai Maître Schwerdorffer.

La présidente avait alors feint la surprise :

— Maître Schwerdorffer ? Mais je ne le connais pas. Qui est-ce ? Un jeune avocat ?

Je m'étais alors levé en signifiant :

— Oui, c'est moi Madame le Président.

— Mais vous ne devez pas connaître les usages, Maître. Parce qu'il faut venir vous présenter avant l'audience. Mais bon. J'imagine que c'est votre inexpérience qui vous a fait commettre cette faute. Et je ne vous en veux pas.

Et là, j'avais vu mon client affolé et me disant : « Mais qu'est-ce qu'elle dit, Maître ? » Il m'avait fallu le rassurer, d'autant que c'était mon premier client payant.

Car comme j'avais prêté serment à trente et un ans, c'est-à-dire plus tard que les autres, je faisais plus expérimenté. Bref, cela a commencé comme ça.

« Essayez de me calmer cette espèce de Rambo »

Dans ce procès, comme j'essayais de poser beaucoup de questions, comme j'avais beaucoup d'altercations avec la présidente, à un moment elle est allée voir un ancien avocat, qui plaidait également côté défense, Maître Michel Levieux et elle lui avait dit :

— Essayez de me calmer cette espèce de Rambo, qu'il reste à sa place parce que sinon, ça va mal se passer pour lui.

Quand mon confrère m'a répété cela avec le sourire, j'ai été encore pire pendant tout le reste de l'audience. Et je ne suis pas non plus allé la saluer à la fin, comme c'est aussi l'usage. En vingt ans, cela m'est arrivé seulement avec deux présidents que je n'ai pas salués parce qu'ils m'insupportaient.

En l'occurrence, cette présidente arrivait en ayant déjà la peine dans sa tête après avoir lu le dossier. Son idée était que le procès se déroule tranquillement jusqu'au prononcé du verdict. Et les avocats qui avaient de très bons résultats étaient ceux qui acceptaient ce jeu.

Elle n'a prononcé qu'un seul acquittement, en 2002, et elle l'a très mal vécu, cela s'est vu.

En revanche, les peines qu'elle prononçait étaient relativement basses.

Une présidente dans la toute puissance

Je me rappelle un dossier auquel j'ai assisté alors que j'étais stagiaire. Une jeune consœur plaidait pour un garçon, qui travaillait à la SPA et qui se trouvait accusé de viol sur une aide-soignante de l'hôpital. Il l'avait croisée un soir en rentrant chez lui, ils s'étaient plu, elle l'avait invité chez elle, ils avaient bu de l'alcool et ils avaient eu un rapport sexuel chez elle (car son mari travaillait de nuit).

Le lendemain matin, quand le mari était rentré, même si elle avait pris une douche après ce rapport, il avait constaté des choses anormales dans l'appartement et l'avait frappée. Elle lui a alors dit : « J'ai été violée ! »

Il l'avait alors prise par les cheveux et emmenée porter plainte au commissariat.

Quand cette affaire arrive aux assises, tout le monde disait : « La présidente veut condamner parce que si elle ne le condamne pas, cela voudra dire que le mari a été trompé. Or, si le mari s'estime trompé, que va-t-il se passer sachant qu'il est violent ? Il va finir par la tuer ! Vous imaginez cette pauvre femme ? C'est une mère de famille respectable. Peut-être que ce soir-là n'était pas un soir comme les autres et qu'elle a dérapé, mais bon. Lui là, l'accusé, il a déjà un petit casier, c'est un petit sauvageon… » Sauvageon, c'est effectivement le mot que la présidente a utilisé.

Du coup, l'accusé a pris quatre ans. Alors que tout plaidait en faveur de l'acquittement ! Mais comme il avait déjà effectué deux ans et demi de détention provisoire, il est sorti trois mois après le verdict.

Voilà comment cette présidente fonctionnait selon ce que j'en ai vu. Peu importait que la relation ait été ou non consentie. La question était de prononcer un jugement de paix sociale. Dans ces circonstances, l'avocat de la défense était inaudible puisque la décision était déjà prise avant même l'ouverture du procès ! C'était révoltant.

J'ai assisté à cela en tant que stagiaire et j'avais envie de hurler. Ce n'est pas cela la justice ! Si elle était consentante, il n'y avait pas eu viol et on ne mettait pas une peine pour obtenir une sorte de paix sociale et régler un problème conjugal qui relevait d'éducateurs ou d'assistants sociaux.

Mais cette présidente vivait son audience dans la toute-puissance et ne subissait aucune contradiction. Ceci rehaussé par l'aura phénoménale du statut de président (surtout alors) amplifiée par le costume, cet arbre de Noël qui en impose et qui pouvait impressionner les citoyens, à l'époque beaucoup moins éduqués à la chose judiciaire. D'autant que c'était juste avant le séisme d'Outreau.

Et c'est cela que j'ai aimé dans le séisme d'Outreau. Que les citoyens aient commencé à se dire : « Attendez, il faut faire attention là ! Non seulement la justice se trompe mais elle peut même faire n'importe quoi ! »

Et on a vu aussi que beaucoup de présidents de Cours d'assises ont évolué. Ils ont mis les jurés dans une vraie position de décideurs. Ils ont intégré le principe d'impartialité et n'interfèrent plus dans les débats en manifestant leurs opinions.

De sorte qu'aujourd'hui, il est beaucoup plus facile de travailler en Cour d'assises, dans le respect des règles. Mais jusqu'en 2000, quand je suis arrivé, il y avait de quoi être scandalisé.

C'était encore une justice très Ancien régime, ne manquaient que les perruques !

J'ai donc beaucoup aimé la libération des audiences qui est arrivée suite à la loi du 15 juin 2000.

« Vérités croisées »

Un livre a changé ma vie professionnelle. En 2005, je tombe sur un ouvrage extraordinaire qui s'appelle *Vérités croisées*. Signé par Christophe Ayela, Jacques Mestre et Valérie Péronnet, il vient alors de paraître aux éditions LexisNexis, spécialisées dans le droit. Et il tombe à point nommé !

À l'époque en effet, je me pose des questions sur la façon de travailler en Cour d'assises. J'ai du mal : les interrogatoires et contre-interrogatoires me posent des difficultés. Je ne réussis pas à interroger les victimes comme je le voudrais, je ne parviens pas à construire mon mur de défense comme je souhaiterais le faire… J'essaye trop d'obtenir des réponses. De sorte que je m'acharne parfois, et je fais pleurer des parties civiles, je terrorise certains témoins… C'est parfois judicieux, mais parfois contreproductif. Bref, je n'arrive pas là où je sens que je veux aller.

Je cherche un style totalement différent de celui qu'on m'a appris. Car les anciens nous ont dit :

— On ne pose pas de questions en Cour d'assises, sauf quand on connaît les réponses…

Autant dire que ces questions sont sans intérêt ! Qui plus est, on a encore tendance à faire des plaidoiries lourdes de deux à trois heures avec force citations et quelques locutions latines… C'est catastrophique. Et c'est aussi ce qui explique le faible nombre d'acquittements.

Et je sens que c'est perdu si on continue comme cela. Celui qui l'a compris, c'est Me Éric Dupont-Moretti. Il est l'un des premiers à avoir vu comment exploiter différemment les Cours d'assises. À oser remettre en cause le travail des experts par exemple, ce que ne faisaient pas les autres avocats.

Moi par exemple, j'ai eu beaucoup d'ennuis, dont une plainte du Conseil national de l'ordre des psychologues parce que j'avais critiqué de façon virulente – mais aussi pertinente, grâce aux recherches que notre cabinet avait effectuées – les tests de Rorschach (j'y reviendrai). Mais c'est aussi ce qu'a fait Dupont-Moretti. Et de façon très directe.

Et donc, au fur et à mesure des audiences je lis ce livre de Christophe Ayela, Jacques Mestre et Valérie Péronnet. Ce livre traite très efficacement de choses très simples : Comment interroger un enfant ? Comment interroger un expert ? Un enquêteur ? Un témoin sympathique aux yeux des jurés ? Une partie civile vindicative ? Ou une qui ne veut pas parler, ou qui pleure…

En fait, il ne s'agit là que de l'application de ce qui se pratique de très longue date dans les pays anglo-saxons. Ils ont une culture de la *cross examination*, l'analyse croisée. Et c'est ce que nous avons ensuite développé, notamment avec mon associé Me Jérôme Pichoff ou encore avec Me Samuel Estève du barreau de Dijon : un vrai travail de contre-interrogatoire.

C'est là où nous gagnons nos procès, durant les débats et pas dans les plaidoiries. En fait, la plaidoirie court tout au long du procès. Et notre intervention finale n'est qu'une sorte de note de synthèse. C'est ainsi, comme je l'ai raconté dans un précédent livre *Je voulais qu'elle se taise*, consacré à l'affaire Daval, qu'il est arrivé une fois qu'avec Me Samuel Estève, nous n'ayons même pas eu à plaider tant l'acquittement s'était imposé au fil des cinq jours de débats.

Cette dynamique de l'analyse croisée et des contre-interrogatoires est un processus dans lequel il y a un réel plaisir à travailler. D'où un attrait beaucoup plus important pour la matière pénale que lorsque j'ai commencé puisque désormais, l'avocat peut exister, exercer véritablement son rôle et peser réellement sur le procès. Et tout peut se passer !

Ceci étant, cela implique d'accepter de ne pas connaître les réponses, d'avoir de mauvaises réponses, voire de commettre des erreurs.

Dans le même temps, en développant petit à petit cette méthode de travail, nous avons aussi instauré le travail en équipe. Avec les personnalités, les qualités et compétences, forcément distinctes, de chacun. C'est ainsi que nous plaidons quasi systématiquement en binômes, dans un souci d'efficacité. Et cela porte ses fruits. Nous avons en effet un taux d'acquittements plus important (20 %) que le taux moyen (10 %).

Sur la période 2020-2021, mon associé Me Jérôme Pichoff, fidèle aux techniques que nous avons petit à petit mis en place, a eu cinq acquittements à la suite. Ce qui est extrêmement rare.

Mais cela procède aussi d'une autre dynamique qui consiste à construire des procès pénaux enfin contemporains.

La loi Guigou du 15 juin 2000, qui est passée assez inaperçue, a été ainsi que je l'ai déjà évoqué l'une des plus fondatrices en termes de libération de la parole aux assises, de qualité d'un procès impartial et en termes de surveillance du travail des magistrats mais aussi des avocats.

Les jurés ont de plus en plus conscience que leur voix est une voix et compte autant que celle du président. Certains, nous le savons par des indiscrétions, n'hésitent pas à se mettre en porte à faux avec le président. Le travail du président est donc plus délicat. Ou plutôt, un président honnête, respectueux des réflexions, des idées et des décisions de chacun sera suivi. Un président partial, malhonnête, qui oriente les débats, qui a des incidents et veut imposer absolument sa vision, aura beaucoup plus de mal aujourd'hui à le faire, voire ne pourra pas le faire. Alors qu'il y a encore une vingtaine d'années, il n'y avait aucune difficulté.

Le mensonge réhabilité

Le pire peut-être auquel j'ai assisté en la matière a été dans un dossier dans lequel mon épouse intervenait. Elle assurait la défense d'un homme accusé de viol. Et voici que la plaignante dépose à la barre. Or, lorsque mon épouse entreprend de contre-interroger cette prétendue victime, il s'avère que tout ce que dit celle-ci est faux.

À chaque fois, ce qu'elle avance à la barre est contredit par une pièce du dossier. Mon épouse, à la défense, réussit un très bon contre-interrogatoire. À tel point qu'elle vient de démontrer l'absence totale de crédibilité de la partie civile. Car à un moment, quand quelqu'un enchaîne autant de contrevérités, c'est qu'il ment.

La présidente marque alors un long temps d'arrêt. Puis elle regarde la plaignante qui vient de mentir de façon éhontée à la barre et lui dit :

— Merci. Merci, Madame. Merci pour ce témoignage d'une très grande sincérité. Bien sûr qu'une victime ne se souvient pas de tout. Bien sûr qu'une victime ne lit pas tous les procès-verbaux. Elle dit ce qu'elle a vécu, avec son ressenti. Et avec l'écoulement du temps il y a des inexactitudes mais qui n'ont rien à voir avec des mensonges. Merci Madame.

Bref, elle vient de réhabiliter la plaignante en deux minutes. Malgré tous les mensonges que celle-ci vient de proférer. C'est scandaleux ! Aujourd'hui, elle ne pourrait plus. Et c'est heureux. L'avocat ferait un incident en disant à la présidente :

— Attendez, Madame la Présidente, comment pouvez-vous dire cela ? Il s'agit en réalité d'une véritable manifestation d'opinion qui consiste à dire que la partie civile dit la vérité et donc que l'accusé qui conteste est en réalité coupable.

Mais à l'époque, les avocats n'osaient pas. Ils osent beaucoup plus désormais. Car, effectivement, le procès d'Outreau est passé par là. Il y a eu une désacralisation du rôle de président. Peut-être négative parfois par certains aspects, mais en l'occurrence bénéfique. Et aujourd'hui, dans les Cours d'assises, on n'hésite pas à avoir un incident parfois très frontal avec un président si on estime qu'il y a un problème.

Les présidents, d'ailleurs, l'acceptent. Et certains sont même parfois capables d'admettre qu'ils ont fait une erreur. Cette démocratisation des Cours d'assises a donc été très intéressante et nous a permis de développer un travail contradictoire et des techniques différentes.

Alors qu'à une époque, le dossier sortait de chez le juge d'instruction, il avait été validé par le procureur de la République, et son passage devant la Cour d'assises n'était destiné qu'à entériner le travail de l'institution. Et il était très fréquent de voir le président féliciter l'avocat dont le client venait de prendre perpétuité au terme de son interminable plaidoirie :

— Mais qu'est-ce que c'était beau, bravo !

Mais c'est quoi l'intérêt d'une belle plaidoirie ? Il n'y a que l'efficacité d'une plaidoirie qui est importante et rien d'autre. En tous les cas, c'était un autre temps. Et je suis très content que nous en soyons sortis.

La pire altercation avec une présidente

La pire situation que j'aie eue à subir dans un prétoire m'a été infligée par une présidente qui me détestait à titre personnel, pour des raisons qui tenaient je pense à ses amitiés avec certains confrères avec lesquels je m'étais froissé et qui avait développé une haine viscérale vis-à-vis de moi. Haine qui se sentait à l'audience.

Elle est donc la deuxième que je ne n'ai jamais saluée. Ni avant, ni après un procès. Et j'ai même eu une altercation avec elle parce qu'à une époque, le bruit avait couru – bruit instillé par certains policiers – que j'étais addict à la cocaïne. Au point qu'un jour, un de mes amis médecins m'appelle en me disant :

— Randall, il faut qu'on se voie. Je sais que tu n'es pas bien…

— De quoi tu me parles ?

— Je sais pour la cocaïne, tu consommes trop.

— Je n'ai jamais touché un gramme de cocaïne, d'accord ? Arrêtez de me faire chier avec ça !

Ça a été insupportable pendant des années, mais cette rumeur a prospéré. Notamment quand je faisais beaucoup de pénal dans le domaine des stupéfiants. Certains policiers n'hésitaient pas à dire à mes clients :

— Ah vous prenez Schwerdorffer ? Vous le paierez en cocaïne !

C'est médiocre, c'est désagréable et il en reste toujours quelque chose. C'était donc très pénible et cette présidente de Cour d'assises avait naturellement eu vent de tout cela.

Dans un procès qui était extrêmement tendu que je gérais avec Me Samuel Estève, voici qu'il est question d'une partie civile qui a eu des agissements particuliers alors qu'elle était sous l'emprise de l'alcool et de la cocaïne.

J'interviens donc en interrogeant le psychiatre sur les effets de la consommation de cocaïne sur le comportement.

Et, chose étrange, le psychiatre m'explique que la cocaïne n'a certainement eu aucun effet sur son comportement. Deux rails de cocaïne, qui plus est pour quelqu'un qui n'en a jamais consommé, quand même ! Si a cela on ajoute la consommation d'alcool... Mais quand un procès est de mauvaise foi...

Je lui signifie donc que je suis extrêmement septique par rapport à ses conclusions : si cela ne fait aucun effet, alors pourquoi en prendre ? Et, qui plus est, ce n'est pas ce que l'on voit dans la littérature.

Et là, la présidente m'interpelle en me faisant :

— Vous parlez par expérience Maître ?

Je lui réponds alors :

— Pardon ? Vous pouvez préciser ? Que sous-entendez-vous ?

— Je ne sous-entends rien, Maître. Je vous demande simplement si vous parlez par expérience. Expérience scientifique, hein, bien sûr !

Ben voyons. Tout le monde avait parfaitement compris l'attaque personnelle de cette présidente.

Et son travail tout au long du procès a ainsi été de m'attaquer de manière indirecte.

Couscous raciste

J'avais eu un autre procès avec elle où elle m'avait fait la même chose, sur un autre registre.

L'accusé que je défendais était une personne d'origine maghrébine, un chef d'entreprise du Haut-Doubs qui avait été accusé de viol sur sa compagne. Il avait été condamné par cette présidente (avant d'être acquitté en appel). À un moment du procès d'assises en première instance, j'interroge une des amies du couple en lui disant :

— Mais vous vous êtes rencontrés, je crois, lors d'une soirée couscous.

Et là, la présidente m'interrompt en me disant :

— Hé là, Maître ! votre interpellation est raciste !

— Comment ? Madame le Président, ce n'est pas raciste, c'est ce que dit le témoin dans sa déposition !

— Ah pardon, je n'avais pas vu…

Bref, il est très pénible d'être confronté à un président qui n'est pas capable de faire la part des choses, qui en réalité cherche à vous nuire et qui, partant, non seulement nuit à la défense mais nuit aussi aux débats. Et donc à la justice.

Heureusement, je n'ai pas subi celle-ci très longtemps avant son départ en retraite. Mais en attendant, nos rapports ont été d'une violence inouïe.

La « peur » d'acquitter

À l'inverse, il est des présidents qui acceptent le jeu du procès et l'éventualité d'un acquittement. Ainsi d'un président de Cour d'assises à Dijon qui m'a d'ailleurs dit un jour une phrase extraordinaire après un acquittement où j'avais plaidé avec Me Samuel Estève, en nous disant avec beaucoup de sincérité : « C'est vrai que les présidents de Cours d'assises ont parfois peur d'acquitter ».

Lorsque je l'ai croisé suite à cet acquittement, il m'a confié :

— Ce que vous avez dit dans votre plaidoirie est vrai. Je ne sais pas pourquoi, c'est peut-être dû à notre construction à l'école de la magistrature, mais acquitter peut parfois être vécu comme un échec.

Bel aveu ! Comme si les juges étaient là pour cautionner la machine judiciaire, même lorsque celle-ci dysfonctionne. Mais beaucoup de magistrats ont fait un travail sur eux-mêmes et nous avons aujourd'hui des présidents de Cours d'assises complètement décomplexés par rapport à l'acquittement.

Du nombre de jurés

On a dernièrement voulu limiter le pouvoir des jurés en réduisant leur nombre, afin aussi de recentrer un peu plus le président sur ses propres responsabilités dans les audiences.

Il ne faut pas oublier que c'est pendant la Seconde Guerre mondiale, sous Vichy, que l'on intègre le président et les assesseurs au pouvoir décisionnaire pour pouvoir condamner. Parce que jusqu'alors les jurés se prononçaient seuls sur la culpabilité – comme aux États-Unis – le président et les magistrats assesseurs n'intervenant que sur la peine et les circonstances atténuantes.

Or, en 1941-1942, il y a trop d'acquittements au goût des autorités. C'est pour cela que l'on réintègre les magistrats au pouvoir décisionnaire. C'est d'ailleurs une période dont on parle très très peu au niveau de la magistrature. Or la magistrature, pendant la Seconde Guerre Mondiale et juste après est un vrai sujet !

Quand certains magistrats se considèrent comme des préfets de justice

Certains magistrats oublient, par exemple pour des JLD (juges des libertés et de la détention), qu'ils sont les gardiens des libertés individuelles, et non gardiens de la sécurité publique.

Ce n'est pas la même chose, ils ne sont pas préfets ! Or, certains magistrats se comportent comme des préfets de justice.

Mais combattre ces gens-là est toujours un grand plaisir ; car heureusement, il existe des recours, des cours d'appel, etc.

Un stylo Montblanc par acquittement

Tout petit, j'ai aimé les beaux stylos. Ma grande passion était de m'acheter des stylos, j'étais très ordonné : souligner, surligner... j'adorais ça. Je pense que cela vient aussi du fait que, jusqu'à douze ans, je n'ai pas eu la télé, de sorte qu'on lisait et qu'on dessinait beaucoup à la maison. On vivait crayon à la main et vélo au pied.

Et quand j'ai eu les moyens, je me suis offert des Montblanc. Mais, comme cela coûte très cher, j'ai considéré que la bonne logique était de m'en offrir un après un acquittement. J'achète donc un Montblanc après chaque acquittement. Et ma collection s'élève, en juillet 2022, à vingt-trois stylos.

Mais le drame est qu'en 2011, j'ai été cambriolé et on m'a volé ma collection. Un seul a été sauvé, le plus beau à mon sens. Il est tombé dans une chaussure de l'armoire où se trouvait l'écrin à Montblanc. C'est le Franz Kafka, qui est par ailleurs très rare aujourd'hui. Je l'ai toujours bien sûr. Mais j'ai donc dû reconstruire ma collection, qui s'est étoffée depuis.

Quand j'étais au Smic, j'avais des stylos Bic

J'estime en effet que, quand on réussit quelque chose, l'argent n'est pas quelque chose de sale et qu'il est important de l'utiliser pour se faire plaisir et faire plaisir aux autres. C'est ainsi que les débats du style de ceux sur la Maserati de Dupont-Moretti m'horripilent. Parce que j'ai aussi vécu avec le Smic. Et que quand je vivais avec le Smic, j'avais des stylos Bic. Mais maintenant que je gagne plus et que je peux me permettre de m'acheter du haut de gamme, je ne vais pas m'en priver.

J'ai d'ailleurs eu le plaisir de recevoir un jour une personne qui a un lien direct avec les stylos Montblanc et qui est venu me voir pour faire un selfie. Il m'avait vu avec un Montblanc dans une émission qui était passée sur M6 et il a tenu à me rendre visite en me disant :

— J'ai été ravi de voir que vous aviez une collection de Montblanc, stylos dont mon entreprise fabrique certaines pièces.

Après, c'était aussi un rêve les stylos Montblanc. Au début, quand j'ai prêté serment, je voyais tous ces grands avocats qui en avaient de superbes. De même que le premier rêve matériel que j'avais était d'avoir une Jaguar parce que mon père n'avait que des Peugeot et des Citroën et qu'une Jaguar, cela paraissait inaccessible.

Bref, je considère que les rêves sont aussi faits pour être atteints. Et dès que j'ai eu les moyens de réaliser les miens, je l'ai fait. Mais il m'en reste heureusement plein d'autres avant de devenir adulte !

Il se trouve aussi que j'écris beaucoup au stylo-plume. J'ai toute une collection de stylos dans mon bureau. J'écris avec tous. Tous, à un moment, me servent. Le japonais en porcelaine par exemple m'a déjà accompagné sur beaucoup de procès. Il y a aussi une reproduction du stylo de Pie XII. Un autre avec Napoléon… le Montblanc Moktezuma… J'aime les beaux objets. Cela me vient aussi de ma construction à travers les arts martiaux, où l'on respecte les objets : on respecte son sabre, son kimono, sa ceinture, le tatami…

« Si vous voulez changer le monde, commencez par faire votre lit tous les matins »

Ainsi, à l'époque où je fréquentais beaucoup le club de taekwondo de Draguignan où s'entraînait mon petit frère, Ralph, je me rappelle avoir vu un jour la scène suivante. Un adolescent un peu kakou se présente sur le tatami en mangeant une pomme. Et là, l'enseignant le regarde et lui dit :

— Écoute, tu ne corresponds pas à l'esprit du taekwondo, tu t'en vas.

Parce que la notion de respect est centrale dans les arts martiaux : respect de soi, respect de l'autre et de son environnement. Cela se retrouve aussi dans cette phrase que j'aime beaucoup de William McRaven, l'amiral américain qui a dirigé la capture de Ben Laden et qui est aussi le plus décoré des États-Unis : « Si vous voulez changer le monde, commencez par faire votre lit tous les matins. »

Autrement dit, cela commence par soi et les choses se font petit à petit. Et de petites choses bien faites en petites choses successives, on finit par faire de grandes choses. Comment quelqu'un qui n'est même pas capable de faire son lit le matin peut-il faire de grandes choses dans sa journée ?

Et je trouve qu'aujourd'hui, on ne fait plus son lit et on veut tout de suite de grandes choses : génération Nabila autrement dit. Devenir une star sans avoir rien fait d'autre que de participer à une émission de télé-réalité. Non. C'est plus compliqué que cela ! C'est pas à pas, jour par jour et avec beaucoup de travail. C'est ainsi qu'un être humain se construit en profondeur et que des rêves deviennent réalité.

D'abord s'imprégner de l'histoire

Dans la préparation des dossiers, nous ne faisons pas de différence entre un dossier d'assises et un autre dossier. Sachant que dans tous les domaines, certains dossiers sont « simples », d'autres difficiles.

Mais s'agissant d'une affaire d'assises, la première chose à faire – et qui est essentielle – est de lire le dossier in extenso. Même si c'est rébarbatif, il faut tout lire. Cette lecture exhaustive est vraiment nécessaire.

C'est pourquoi, en ce qui me concerne, je réserve mes dossiers d'assises pour les week-ends. Puis je les travaille en fin de journée, de vingt heures à deux heures du matin, deux à trois fois de suite, parce que le téléphone ne sonne pas, que personne ne vient me déranger et que je peux m'imprégner de l'histoire. Parce que dans un dossier, a fortiori d'assises, il y a toujours une histoire.

Et cela me permet aussi d'analyser et de décortiquer les différents témoignages. Je m'arrange toujours, dans l'idéal, pour faire intervenir cette phase d'immersion dans les quinze jours avant le procès.

Ceci afin que le dossier commence à prendre une existence dans mon esprit ; car après, je vais y réfléchir et le travailler tous les jours. J'ai ouvert un tiroir dans ma tête que je vais alimenter au quotidien.

Si je vais par exemple marcher deux heures en forêt, je vais me parler pendant ce temps du dossier.

Certaines personnes qui me croisent dans ce moment-là pensent que je suis un peu perturbé de parler tout seul mais j'ai besoin de me parler pour, par la suite, expliquer aux autres. Cela va nourrir des réflexions et je vais me poser des questions. De sorte que je vais retourner dans le dossier papier pour vérifier et affûter ma vision de la situation.

Un texto qui fait tilt

En parallèle de ce va-et-vient permanent, comme nous prenons désormais quasiment tous les dossiers d'assises à deux, j'ai en même temps beaucoup d'échanges avec le partenaire avec lequel je vais plaider l'affaire en question.

Nous sommes ainsi interpellés par certains éléments. Comme dans le dossier de ce soignant accusé de viol que nous avons fait acquitter, mon associé Me Jérôme Pichoff et moi.

C'était une affaire où la maîtresse et patiente du soignant en question l'accusait de viol dans un contexte très conflictuel (échanges téléphoniques, textos, etc.).

Un soir, alors que nous étions chacun imprégnés de cette histoire, l'étude des échanges, notamment de cette femme avec son cercle d'amis, a fait tilt.

Car à un moment, apparaissaient dans ses textos à elle et qu'elle avait échangés avec sa meilleure amie, deux ou trois messages qui concernaient un homme. Elle l'aurait rencontré récemment et elle mentionne même un rendez-vous qu'elle lui aurait fixé dans un appartement où ils se seraient vus et, trois points de suspension, « plus si affinité ».

Bref on comprend que s'il ne s'est alors rien passé sur le moment, elle n'était pas opposée à ce qu'il se passe quelque chose…

Or ces textos disparaissent après !

Nous comprenons alors, après étude du dossier, qu'elle a en fait effacé tous les messages en lien avec cet homme. Sauf qu'il y en avait tellement qu'elle ne les avait pas tous pris en compte et qu'il y avait un raté avec ce premier message adressé à son amie. Le diable est toujours dans les détails.

Or, cela permettait notamment de contredire complètement les déclarations qu'elle avait tenues. Du style :

— Je ne peux plus supporter la présence d'un homme dans un huis-clos.

Cela prouvait en effet qu'elle s'était retrouvée, à son initiative, seule dans un appartement avec un homme. Un individu, qui plus est, qu'elle ne connaissait pas et qu'elle rencontrait pour la première fois mais qui manifestement lui plaisait et avec lequel elle envisageait à l'occasion davantage que la simple visite d'un appartement.

Ceci alors qu'elle servait dans le dossier un discours profondément différent, voire totalement opposé.

Nous avons échangé sur ce sujet Me Jérome Pichoff et moi en nous disant :

— Attention ! Il va falloir creuser cette conversation avec les témoins et avec elle, car cela démontre très clairement que ce qu'elle a dit aux experts et au juge d'instruction ne correspond pas à la réalité de la situation de sa vie affective et amoureuse.

Autrement dit, ce qu'elle mettait en avant comme un traumatisme qui l'aurait empêchée d'avoir une existence, notamment sexuelle, n'était vraiment pas vrai.

Bref, une fois identifiée cette faille entre ses déclarations et la réalité des faits, nous nous disons que c'est à partir de cette brèche qu'il va nous falloir travailler. Pour démontrer que le personnage qu'elle présente ne correspond pas à la personne qu'elle est en réalité. Et que si on est ici dans la dissimulation, il doit y avoir d'autres dissimulations, voire de la manipulation.

Et c'est ce qui a été l'objet des deux jours de débat du procès d'assises. Le seul moment qui pouvait faire basculer l'accusation, c'était le contre interrogatoire de la plaignante et c'est effectivement ce moment-là qui a fissuré l'accusation.

C'est sur ce type de contre interrogatoire qu'il ne faut pas se rater. Sinon, on rate son procès et les conséquences sont possiblement des années de prison.

Mais cette brèche éclairante, qui est devenue une faille par laquelle est passée la lumière qui a permis de mettre au grand jour une facette de la personnalité de la plaignante, nous l'avons trouvée uniquement après avoir réfléchi au dossier. Après l'avoir pensé. Et surtout après avoir échangé dessus.

Voilà pourquoi nous avons fait du travail d'équipe une règle dans les procès criminels.

Le procès : un enjeu crucial, une épreuve terrible pour beaucoup

C'est la différence entre un dossier d'assises et certains dossiers de correctionnelle, qui sont très souvent préparés une semaine ou quelques jours avant parce qu'ils ne nécessitent pas une quantité de travail aussi importante.

Ceci s'explique aussi par le fait qu'avec le temps, on acquiert des automatismes qui nous permettent d'aller à l'essentiel : on sait ce que l'on cherche en termes de problèmes procéduraux, de failles dans un dossier, etc.

Nous sommes donc beaucoup plus aiguisés pour gérer plus vite et plus efficacement ce type de dossier. Sans pour autant perdre de vue le principe qu'être mis en cause dans une affaire pénale, même parfois pour une contravention de violences légères, cela constitue une épreuve terrible pour beaucoup de citoyens - notamment de justiciables qui n'ont pas de casier judiciaire.

C'est pour eux un enjeu d'autant plus important que ce dont ils sont accusés est à leurs yeux infamant. Parce que pour des personnes qui se revendiquent comme innocentes, une mention au casier judiciaire est toujours vécue comme une vraie souffrance morale.

Il s'agit donc pour les avocats de ne pas sous-estimer les enjeux d'un procès, de quelque nature qu'il soit.

Distinguer la grippe de l'embolie

Ceci dit, il faut aussi parfois rationaliser et ramener les justiciables à la raison. C'est comme en médecine : il faut distinguer un cancer d'un rhume, une grippe d'une embolie.

On a l'impression parfois que certaines personnes qui passent en correctionnelle ont un cancer en phase terminale alors que leur affaire ne relève que du gros rhume.

Étonnante subjectivité

Cela étant, nous connaissons tous les stades de gravité. Et nous allons rencontrer certains accusés en sachant qu'ils ont un risque de prendre perpétuité. Mais on ne leur dissimule jamais la vérité. Même si, pour certains, c'est très difficile à entendre.

Parce qu'en général, plus ce qui leur est reproché est grave, plus les accusés essayent de se trouver des circonstances atténuantes.

Et à l'inverse, moins c'est grave, plus les gens trouvent que c'est grave. C'est étonnant d'observer comment, subjectivement, chacun apprécie sa situation.

Solutions magiques

Il m'est déjà arrivé d'avoir des accusés de meurtre qui reconnaissaient les faits me demander s'il était possible d'avoir des peines de l'ordre de 5 ou 6 ans.

C'est bien évidemment impossible ! Il faut donc les ramener à la raison.

Mais je pense qu'ils essayent de se construire des solutions magiques qui leur permettent d'envisager encore l'avenir. Et de supporter leur situation.

Parce que quand on a vingt-cinq ans et qu'au bout du chemin judiciaire, il y a possiblement une incarcération de vingt-cinq ans, c'est-à-dire une peine d'une durée équivalente à la vie que l'on a déjà accomplie, avec une perspective de sortie à l'aube des cinquante ans, c'est terrifiant.

Quoi que l'on ait fait, cela reste malgré tout terrifiant.

Et je pense que certains souhaitent s'inventer une issue pour, avant le verdict définitif qui va tomber, supporter leur incarcération.

Car à partir de ce moment, ce ne sera plus le monde magique. Mais en attendant, on s'invente une fausse réalité pour pouvoir supporter la situation, se projeter, avancer au quotidien.

D'autant qu'en toile de fond, on y pense très peu mais, même si bien sûr les peines sont le plus souvent justifiées, quelqu'un qui entend prononcer une peine de trente ans par exemple dans une affaire d'assassinat, cela représente vingt-deux ans, voire plus, à passer derrière les murs d'une prison.

La peine n'est pas anodine, même si certains pensent que c'est un parcours de santé…

Face au néant

Il y a d'ailleurs beaucoup de suicides en prison. Ce n'est pas pour rien. Beaucoup de condamnés se retrouvent complètement face au néant et in fine absorbés par ce néant qui est destructeur.

Sachant que s'il va au bout de sa peine, l'homme qui a été jugé et condamné à vingt-cinq ans ne sera pas l'homme qui sort à cinquante ans. Tout comme, pour tout un chacun, l'homme que l'on était à vingt-cinq ans n'est plus le même lorsqu'on arrive à cinquante. Parce que nous nous sommes nourris d'expériences de vie et que le changement est inhérent à l'écoulement de la vie.

Sauf que pour les condamnés qui auront purgé leur peine, la seule expérience qu'ils auront eue aura été celle de la prison.

Avec, ce qu'il faut prendre en compte et qui sont des éléments très violents : les remords, les regrets.

Dostoïevski l'explique d'ailleurs formidablement dans *Crime et Châtiment* en décrivant le chemin de Raskolnikov, ce criminel qui, honnête homme au départ, se laisse tenter, passe à l'acte par cupidité... Puis a peur d'être pris, regrette, réalise que ce qu'il a gagné ne vaut guère par rapport à la liberté et qui, ne le supportant plus la situation et rongé de l'intérieur, se détruit physiquement et psychiquement... Pour arriver inexorablement à être pris et à finir dans des conditions misérables... Alors qu'il aurait très bien pu mener une vie très convenable et peut-être très heureuse, mais avec moins d'argent.

Tous les adolescents devraient lire *Crime et Châtiment*, entre autres.

Tout ça pour ça !?!?...

Ce degré de réflexion manque souvent aux gens qui passent à l'acte et qui commettent des faits parfois dramatiques. Je pense notamment à certains vols avec arme pour des montants dérisoires, vraiment ridicules.

Nous avons ainsi défendu en 2006 un homme, ancien militaire, accusé du meurtre d'une bijoutière de la rue de Vesoul à Besançon. Les faits s'étaient déroulés en 2004 et cet ancien militaire avait braqué cette commerçante sans histoire et appréciée de tous pour lui voler un butin qui s'est monté à 648 euros.

Sauf que le braquage s'est fini par une balle dans la tête pour la victime et vingt ans en cour d'assises pour l'auteur.

Tout ça pour ça !?!?...

Très souvent, quand on regarde la délinquance, on se dit : Tout ça pour ça !?!?...

La mort d'une femme, épouse et mère de famille. Le traumatisme pour tout une famille plongée dans l'horreur de perdre un proche dans ces conditions. La mort sociale parfois de l'accusé pour quelque centaine d'euros.

Au procès, tout va ressortir

Pour un dossier criminel, on doit dès le départ commencer à voir se dessiner les grandes lignes qui vont structurer le futur procès. À commencer par la question de savoir par exemple si l'on va être sur des coups mortels, sur un meurtre ou sur un assassinat...

Sachant que les premières constatations, mais surtout les déclarations initiales, vont conditionner toute la ligne de défense qui va exister par la suite.

Car tout est écrit, tout va rester. Et au procès, tout va ressortir.

Ainsi, dès le départ, chaque déposition, notamment de l'accusé, est fondamentale.

Parce que l'on va surtout rechercher, particulièrement dans un dossier d'assises, l'élément intentionnel : le mobile, les conditions et les raisons du passage à l'acte... Ce que l'on appelle le chemin du crime, l'iter criminis.

Autant de choses qui se préparent et se travaillent dès le début. Avec l'accusé.

Cela ne signifie pas que l'on va inviter l'accusé à inventer des histoires ou à mentir. Pas du tout. Ceux qui croient cela sont dans le fantasme des avocats manipulateurs.

D'autant que ce serait faire fi des examens médico-légaux, des expertises, des investigations techniques, de l'ADN, des empreintes, des témoins, des traces informatiques...

Être le plus proche possible de la réalité

Il s'agit donc d'être le plus proche possible de la réalité. Car l'accusation a tendance à être très élevée et la défense à être en dessous. C'est caricatural, mais c'est dans l'ordre des choses, d'autant que la justice est assez manichéenne dans sa présentation des choses. Avec une accusation très lourde et en face, une défense qui essaye de combattre – parfois avec une certaine emphase intellectuelle – les accusations portées par le ministère public.

Un procès se prépare dès la garde à vue

Oui, vraiment, un procès se prépare dès la garde à vue.

Où il s'agit de distinguer, parmi les mis en cause, le coupable d'une part, et l'innocent, ou celui qui se dit innocent, d'autre part.

Dans ceux qui se disent innocents, il y a la possibilité que leur discours soit cohérent, que cela se tienne et puisse se défendre. Comme dans le dossier du Dr Frédéric Péchier – j'y reviens – l'anesthésiste bisontin mis en cause pour empoisonnements.

Certes, nous faisons face à un procureur de la République très sûr de lui, notamment lorsqu'il affirme dans la presse locale disposer d'éléments très signifiants contre le Dr Péchier alors que nous savons qu'il n'en est rien.

Mais, même si cela peut paraître très surprenant, en réalité, parce que nous avons passé au crible le dossier et que nous avons réfléchi à chacune des situations, à chacun des aspects, comme à toutes les séquences et tous les épisodes, nous nous sommes rendu compte que l'on se trouvait face à un dossier qui finalement est à nos yeux sans charges.

D'où cette conviction de son innocence qui est la nôtre. Et d'où, partant, que s'il est renvoyé devant les assises, nous plaiderons l'acquittement.

Et si l'on entend certains, souvent extérieurs au dossier, qualifier notre position de jusqu'au-boutiste, nous les invitons simplement à étudier chacun des éléments, dont l'analyse scrupuleuse nous a justement conduits à être convaincus de l'innocence du Dr Péchier. Et donc de la nécessité, et le cas échéant, de son acquittement.

Tous les cas de figure sont envisageables

S'agissant des mis en cause, il y a donc celui qui se dit innocent ; et il se peut qu'il le soit, même si c'est toujours difficile à savoir puisque nous n'avons été témoins de rien. Mais on peut aussi penser la chose possible dans la mesure où elle étayée par certains éléments le disculpant.

À l'inverse, il peut arriver qu'un mis en cause conteste sa culpabilité alors que nous, ses avocats, disposons d'éléments qui, clairement, l'accablent. Auquel cas il faut lui dire :

— Stop ! On ne peut pas continuer comme cela. Ça n'ira pas si vous continuez à avoir cette position-là. Car si vous contestez les faits en bloc, vous ne pouvez plus vous défendre sur les conditions réelles du passage à l'acte.

Il arrive aussi, il ne faut pas en faire mystère, que nous soyons face à quelqu'un pour lequel on ne sait pas s'il a ou non commis les faits qui lui sont imputés. Cela arrive aussi.

Enfin, il y a le coupable, celui qui vous dit :

— Oui, c'est moi !

Après, certains s'accablent trop. Ou du moins s'imputent plus qu'ils n'ont fait.

Il faut en effet savoir rentrer dans les nuances juridiques de ce qu'est un assassinat (homicide avec préméditation), un meurtre (volonté de tuer mais sans préméditation) ou des violences volontaires ayant entraîné la mort sans intention de la donner…

Sans oublier les faits qui peuvent constituer une légitime défense ! Parce que le justiciable ne sait pas toujours lire juridiquement ses actes et ceci au point de plaider coupable alors qu'il ne l'est pas aux yeux de la loi.

J'ai ainsi défendu un vieux monsieur qui avait tiré sur un homme qui venait d'entrer chez lui. Il lui avait tiré dessus avec un fusil muni d'une balle en caoutchouc et l'intrus en avait perdu un œil.

S'estimant coupable de lui avoir causé un préjudice, le vieux monsieur était dans le regret, les excuses et la contrition. Mais en réalité, il était parfaitement en légitime défense.

Pour preuve : au terme de l'instruction dont il a fait l'objet et qui l'a renvoyé devant le tribunal correctionnel, il a bel et bien été relaxé, le tribunal ayant considéré que sa riposte était proportionnée et concomitante à une agression injustifiée. La différence entre la loi et la morale.

Comme quoi, reconnaissance de culpabilité ou innocence, condamnation ou acquittement, reconnaissance de légitime défense... Tous les cas de figure sont possibles et envisageables.

La place d'un autre

Sans compter qu'il y a aussi ceux qui vont prendre la culpabilité d'un autre. J'en ai connu. Un fils qui s'accuse à la place de son père, lequel a tiré sur quelqu'un...

On le voit, on le comprend, mais on est tenu au secret.

Car s'ils ne nous disent pas la vérité, on pige rapidement les ficelles de l'affaire et on comprend que le fils s'accuse pour le père parce que celui-là a décidé de protéger celui-ci qui a un casier judiciaire plus étoffé et qui est un véritable chef de famille voire de clan. D'autant que c'est le patriarche qui fait vivre la famille. C'est pourquoi le fils va assumer jusqu'au bout. Jusqu'à parfois purger la peine.

Ceci dit, en l'occurrence, nous ne faisons que supposer. Même si nous faisons état de nos interrogations, si ce n'est de nos doutes, rien ne nous est jamais confié qui déroge à la version qui émerge du dossier.

Et nous défendons le prévenu (en correctionnelle) ou l'accusé (aux assises) comme si... D'autant que nous ne savons pas.

L'imagination a assez peu de limites

Je ne pars jamais du postulat qu'une affaire est simple.

Une affaire en apparence simple peut très bien en cacher une autre.

Des éléments anodins peuvent s'avérer très complexes voire décisifs. En matière délictuelle et criminelle, je pense que l'imagination a assez peu de limites.

L'humain est complexe. Et lorsqu'il se trouve dans le côté sombre, il est encore plus complexe parce qu'il ne faut pas oublier un paramètre fondamental et commun à presque tous les mis en cause : l'envie de s'en sortir, d'échapper à sa responsabilité pénale.

Une envie que l'on peut assimiler à l'instinct de survie. Mais c'est ici l'instinct de survie face à la société. Cela relève de l'envie de ne pas se faire prendre, tout simplement.

Cela peut engendrer ce que l'on a connu par exemple en Haute-Saône, avec deux amis qui ont une altercation alors qu'ils sont à la pêche. L'un d'eux prend un coup-de-poing dans la gorge et meurt…

Et le copain à l'origine du décès va l'appeler le soir même sur son téléphone portable pour lui demander s'il va bien. En lui laissant un message pour lui dire qu'il viendra le chercher le lendemain pour retourner à la pêche…

Ce même ami qui va aller voir les gendarmes un peu plus tard en leur disant :

— Je ne comprends pas, il ne répond pas…

Et en toile de fond, c'était terriblement triste parce qu'on voit bien qu'il s'agissait de deux grands amis. Mais il y a eu un coup malheureux, qui a provoqué un décès, parce que oui, bien sûr, comme on le voit régulièrement, un coup peut tuer.

Et en l'occurrence, s'agissant de nos deux pêcheurs, l'un victime, l'autre auteur, ne s'est guère longtemps posée la question de l'intention : on n'est pas ici dans du meurtre mais dans des violences volontaires ayant entraîné la mort sans intention de la donner. Qualifications pour lesquelles les peines peuvent être néanmoins lourdes : de cinq à vingt ans.

Mais derrière le crime, le fait pour l'accusé d'avoir essayé de s'en sortir comme il a tenté de le faire relève de la manipulation. C'est un élément qui, pour des jurés de Cour d'assises relève d'une sanction plus grave que celle d'un homme qui, réalisant la gravité de ses agissements, aurait tout de suite prévenu les secours et se serait trouvé immédiatement dans la contrition.

L'attitude morale après les faits pèse de plus en plus dans ce qui est reproché à un accusé. Et donc dans la peine qui, s'il est reconnu coupable, lui est infligée alors que cette attitude, a posteriori des faits, n'a pourtant rien de pénal. Mais c'est ainsi.

Tout ce qui dépasse se paye au prix fort

Rappelons-nous l'affaire Daval, où l'on s'est focalisé sur l'après acte.

Tant il est très difficile de faire comprendre au citoyen qui juge que ce qu'il se passe après le crime dont il est question n'entre pas en ligne de compte.

Parce que c'est le passage à l'acte et ses conditions qu'il s'agit de juger et qui vont déterminer le cas échéant la peine.

Mais on ne peut pas sortir complètement de l'émotionnel. Cela colore forcément et naturellement la personnalité de l'accusé.

Déjà que, même si cette personne est lisse et sans tache, à partir du moment où celui qui est dans le box des accusés est accusé d'avoir tué, sa personnalité est perçue a priori comme problématique. Évidemment : il est censé être passé de l'autre côté, avoir transgressé ce tabou que ne connaît pas celui qui n'a jamais tué et qui est totalement interdit. Et à partir de là, tout ce qui peut dépasser de sa personnalité va se payer au prix fort.

Très rares sont les accusés sûrs d'eux

S'agissant des accusés, très rares sont ceux qui se présentent devant la Cour d'assises en étant sûrs d'eux. Y compris ceux qui comparaissent libres. Ils savent que l'épreuve qui se présente à eux est d'une très grande violence. Et qui plus est empreinte d'une terrible incertitude.

C'est pourquoi, si nous défendons tous types de profils, j'ai très rarement vu des accusés sereins.

En général, les accusés sont terrifiés, extrêmement angoissés. Et ils essayent par tous les moyens de deviner la décision finale de la Cour d'assises. Ceux-ci font partie de la catégorie de justiciables que je qualifierais de « à rassurer constamment ». Et c'est difficile.

Il y a aussi – même si c'est peu courant – ceux qui estiment qu'il n'y a aucune preuve contre eux, qu'ils ne risquent rien et que, franchement, cela ne posera aucune difficulté. Ceux-là, on les rencontre régulièrement dans des dossiers en correctionnelle, mais extrêmement rarement aux assises, parce que la peine encourue est trop lourde et l'incertitude de la décision trop grande.

Après, on peut aussi être déstabilisé par certaines personnalités. Chez certains – très rares cependant – le quantum de la peine n'est pas la question primordiale. C'était le cas par exemple de Jonathann Daval qui ne s'en est jamais soucié et a annoncé que, quelle que soit la peine, il l'accepterait.

Or, c'était assez déstabilisant car, lorsque sa famille témoignait, elle allait jusqu'à dire qu'il accepterait perpétuité. Mais pour nous, l'équipe d'avocats, ce n'était pas du tout le but que nous nous étions fixé, car ce n'était pas mérité. Et nous craignions que cela ne soit perçu comme le fait que la famille elle-même estimait que le meurtre de son épouse, Alexia, méritait perpétuité. Mais Jonathann Daval n'a jamais posé aucune question sur sa peine, ce qui est très rare.

À l'inverse, il y a ceux qui sont obnubilés par la peine. Ce sont en général ceux qui plaident coupable. Car au-delà de la compréhension de ce qu'ils ont fait, il y a cette difficulté d'assimiler la prison.

Certains, et c'est assez fréquent, ont une façon autocentrée de s'estimer victimes des autres : de la société, de leurs parents, de leur compagne ou de leur compagnon, des circonstances…

Et in fine ils se considèrent comme des « victimes » qui seraient passées à l'acte à cause de tout cela. Ce sont parfois les plus difficiles à recentrer pour leur permettre d'envisager les choses sous un angle un peu plus élargi et qui ne se concentre pas sur leur propre personne.

Ce sont des personnalités que l'on pourrait appeler les « J'ai tué mais ce n'est pas de ma faute. »

L’ère victimaire

Voilà quelques années, mon associé Me Jérôme Pichoff a reçu un jeune homme qui lui a annoncé tout de go : « Ma petite amie vient de me plaquer, est-ce que j’ai droit à des dommages et intérêts ? » Après lui avoir demandé si un quelconque lien juridique les unissait – ce qui n’était pas le cas – mon confrère, ami et donc désormais associé lui a expliqué :

— Je ne peux rien pour vous, au revoir et merci.

Mais voilà qui en dit long sur le contexte dans lequel nous nous trouvons.

Il est parfois assez extraordinaire de recevoir en rendez-vous certaines personnes qui se présentent comme victimes de violences. Or, quand on étudie les documents, on réalise qu’elles ne sont pas victimes mais au contraire citées par le procureur de la République à comparaître comme auteurs !

Et lorsqu’on leur fait remarquer :

— Attendez, vous n’êtes pas cités comme victime, mais comme auteur.

Il n’est pas rare de s’entendre répondre :

— Quoi ? Mais ce n’est pas juste ! Je n’ai fait que me défendre !

Et là, c’est l’effondrement. Car ces personnes n’avaient pas du tout vu les choses comme cela.

Oui, c’est une réalité. Nous sommes dans une société où les gens se sentent de plus en plus victimes. Et très souvent on nous pose la question :

— Est-il normal que j’aie été interpellé dans la rue avec ma femme ? Que j’aie eu une perquisition ? Que j’aie été contrôlé au volant de ma voiture ? Etc.

En fait, beaucoup de justiciables considèrent aujourd’hui que chaque fois qu’il y a intervention d’une autorité, c’est anormal. Sauf pour les autres ! Alors que non seulement cela est parfaitement normal mais avant tout légal.

Nous avons aussi des gens qui considèrent que tout ce qui leur arrive est de la faute de tout le monde sauf d’eux. Ils rejettent tout sur l’école, les parents, les amis, le conjoint, les collègues… Et là c'est très difficile. Car je pense que l'on est avant tout victime de soi-même : de ses faiblesses, de ses pulsions, de ses vices, de ses fragilités... Moins on se connaît, moins on est capable de se maîtriser.

Ne pas se connaître, c'est devenir soi-même son pire ennemi

Pour ma part, je sais que j'ai des défauts importants, mais je les connais et je sais faire avec. Et nous avons tous des défauts, entre le personnage que l'on veut présenter aux autres, y compris à ses proches, en général en offrant son meilleur profil, et celui que l'on est en réalité, il y a souvent un certain hiatus.

Il y a toujours des strates de masques. Mais il faut avoir la lucidité de savoir, sous les masques, qui l'on est réellement derrière. Et se prendre régulièrement entre quatre yeux car ne pas se connaître, c'est devenir soi-même son pire ennemi. Et cela peut conduire à l'auto-destruction, à la prison ou à commettre le pire, si l'on n'est pas capable de se regarder en face et de se contrôler.

C'est d'ailleurs ce qui est intéressant chez l'être humain : nous n'avons pas cette innocence des animaux qui tuent pour manger et non pour s'amuser, se venger ou pour se séparer du conjoint, etc. Animaux qui, naturellement, ont un instinct de protection à l'égard de leur environnement, à commencer par leur famille... Bref, nous sommes très complexes, et il faut faire avec tous nos défauts.

Et ce que je constate très souvent chez les personnes qui passent à l'acte, notamment en matière criminelle, c'est qu'elles n'ont aucune introspection sur elles-mêmes.

Elles ne se connaissant pas du tout, ne se remettent jamais en cause et n'acceptent même pas l'hypothèse de pouvoir être responsables de tout ce qu'il se passe. Ces personnes n'ont aucun sur-moi, aucun contre-pouvoir interne, aucun filet de sécurité... Aucun garde-fou.

C'est cela aussi la société du « j'ai droit à tout, tout m'est dû, je suis une victime de tout et de tous ».

Je me rappelle qu'au tout début où j'ai commencé ce métier, en ayant donc déjà de l'expérience professionnelle mais pas en tant qu'avocat, un individu prend rendez-vous avec moi.

Le voilà dans mon bureau, assis face à moi, qui se met à m'exposer le cas d'un de ses amis en m'expliquant comment je dois le défendre… Selon lui l'accusation n'est pas juste, malgré son casier judiciaire long comme le bras, l'ami en question est quelqu'un qui n'a jamais rien fait de mal mais toujours été victime d'erreurs judiciaires, etc.

Je l'écoute patiemment et lui dis au bout d'un moment :

— Écoutez, je vais commencer par le rencontrer et je le défendrai comme bon me semblera. En attendant, nous allons mettre un terme à cet entretien qui devient totalement inutile.

Et à ce moment-là, il me dit :

— Ouais ? Alors quoi, vous ne me respectez pas ? Ce n'est pas normal, vous me devez le respect !

Je lui rétorque alors :

— Écoutez Monsieur, non seulement je ne vous dois rien mais le respect ne se mendie pas, il se mérite. Alors je vais vous demander sortir, cela suffit.

Et il est sorti. Scandalisé. Tant mieux !

Pour ma part, je respecte les gens respectables, qui sont civiques, civils et qui, s'ils ont un avis contraire au mien, acceptent d'en discuter. Mais je ne respecte pas forcément quelqu'un parce que c'est quelqu'un.

Il y a des parcours de vie qui ne m'inspirent rien. Je ne vais pas les mépriser, mais je ne vais ni m'y intéresser ni les respecter. Cela me laisse indifférent. Je ne pense pas que tous les êtres humains dans leur parcours de vie se valent. Tous ne suscitent pas chez moi le même intérêt et cela n'a rien à voir avec l'argent, les diplômes, la profession. Je parle de richesses intérieures, de parcours, de réflexion, de bienveillance… Et en cela, je suis désolé, tout le monde n'est pas au même niveau.

Réseaux sociaux, réseaux zozos

Après, le plus gros problème de nos sociétés actuelles, selon moi naturellement, et que l'on va retrouver dans les Cours d'assises et plus largement dans les affaires pénales, ce sont les réseaux sociaux, où tout le monde commente tout.

Je pense ici notamment à Me Too et Balance Ton Porc, mais on peut aussi parler de Twitter, Facebook et autres, où tout le monde commente tout, tout le temps, n'importe comment.

Les prises de parole de l'avocat, l'activité du procureur, les investigations des enquêteurs, la qualité du procès, les interventions des uns et des autres… Tout est relaté, passé au crible et commenté.

Au point, fou, où nous avons eu, en plein procès Daval, Jean-Marie Le Pen qui a envoyé un Tweet en disant : « Il n'a pas pu traîner le corps tout seul, il a forcément un complice ! ». C'est dément !

Des millions de personnes qui n'ont rien à dire s'amusent constamment à alimenter les réseaux sociaux sur les affaires criminelles et tentent ainsi d'exister à travers elles en donnant systématiquement leur avis.

Vous ne soupçonnez pas le nombre de personnes qui me contactent pour me donner leur avis, m'expliquer ce qu'il s'est passé, me dire ce qu'elles savent sur telle ou telle personne… ce que je dois ou devrais faire dans telle affaire.

En cela, je suis très nostalgique d'un temps passé, celui d'avant les réseaux sociaux ! Allez, même celui d'avant les téléphones portables.

Passéiste sûrement, mais je l'assume complètement. Je suis très heureux d'avoir eu vingt ans en 1989. D'avoir échappé à la dictature du joignable constamment n'importe où et n'importe quand. Traçable dans tous mes déplacements, mes achats, mes loisirs et par nature constamment sous surveillance et toujours dans le risque d'être enregistré à son insu.

Dans les années quatre-vingt et quatre-vingt-dix, les gens à qui on donnait la parole avaient non seulement des choses à dire que le commun des mortels ne pouvait pas porter mais étaient le plus souvent des personnes qui s'exprimaient parce qu'elles avaient du talent, de l'intelligence, de la créativité.

Pour devenir connu ou reconnu – ce qui n'est pas la même chose – il fallait sortir du lot de par son talent, son activité, quelle qu'elle soit.

J'ai découvert avec stupéfaction Loft Story en 2001. C'est pourtant symptomatique de notre temps où on peut devenir une célébrité sans avoir strictement rien fait de sa vie si ce n'est d'avoir participé à une émission de téléréalité. Affligeant.

Les gens qui s'exprimaient auparavant en ayant de l'audience avaient au moins fait des choses (livres, disques, films, inventions etc.).

Désormais, tout le monde a la parole, mais beaucoup de ceux qui la prennent n'ont rien à dire ou uniquement des lieux communs. C'est bien triste. Et je trouve que cela tue complètement la liberté d'expression. Car il n'y a plus en réalité d'expression, et cela me navre.

Le choix des clients

M'arrive-t-il d'être confronté à des clients qui me sont profondément antipathiques ? Oui. Mais je considère que nous sommes comme les médecins, à la différence que nous pouvons, en tant qu'avocats, choisir nos clients alors que les médecins ne choisissent pas leurs patients.

Mais nous ne les choisissons pas en fonction de leur personnalité. Nous les choisissions d'abord très clairement – à part affaires qui suscitent un intérêt exceptionnel – en fonction de leurs capacités à assumer les frais financiers de leur défense.

J'ai en effet toujours considéré qu'un avocat devait faire attention à sa rémunération, car c'est aussi la gestion de son temps de travail, l'équilibre de son cabinet et je ne suis pas pour le tout assistanat. La justice a un coût. Et le choix de son défenseur se paie, je l'assume très naturellement.

Donc oui, il peut arriver que je défende des gens que je n'apprécie pas. Maintenant, ce ne sont pas des amis, ce n'est pas ma famille. Cela reste professionnel. Et, plus que la personne, c'est une certaine idée, une certaine logique du dossier que je défends.

En conséquence, faire relaxer (en correctionnelle) ou acquitter (aux assises) quelqu'un que je n'apprécie pas, n'enlèvera rien ni à mon travail ni à ma volonté de convaincre ni à ma détermination à obtenir le résultat. C'est le succès de l'affaire qui va me motiver.

Après, il peut bien sûr arriver qu'un accusé me touche particulièrement, d'être confronté à une personne pour laquelle j'ai de l'empathie. Jonathann Daval, par exemple. Me Spatafora et moi n'avons pas caché que nous éprouvions de l'empathie pour lui. Mais il y en a d'autres.

De même que j'ai de l'empathie pour le Dr Frédéric Péchier, je ne le dissimule pas, ce qui n'empêche pas que je fais mon travail en étant professionnel au maximum. L'empathie n'est pas interdite, comme chez un médecin vis-à-vis d'un patient. Après, je sais faire la part des choses.

Mais je dirai que défendre quelqu'un que je déteste ne me pose pas plus de problèmes que défendre quelqu'un que j'apprécie. En fait, l'intérêt professionnel prime et je le situe à un autre niveau. C'est le résultat obtenu dans le dossier qui compte. Et rien d'autre.

Ni caresses ni gratouilles

J'ai ainsi fait acquitter une personne que je n'aimais pas et qui me le rendait bien. Cet accusé ne m'aimait pas du tout non plus, mais il m'avait pris comme avocat en pensant que je pouvais obtenir son acquittement, ce qui a d'ailleurs été le cas.

Mais une fois l'acquittement prononcé, je n'ai plus jamais entendu parler de cette personne et je n'ai même pas eu un merci. C'est ainsi.

Mais il a eu ce qu'il voulait et j'ai eu ce que je voulais. Et quoi qu'il en soit, je ne recherche pas des caresses et des gratouilles. Pas plus que des médailles. Seulement des résultats.

Comme un Compagnon réalise son chef d'œuvre

Ce que je recherche, notamment lorsque j'ai un dossier avec un acquittement possible à la clé, c'est à gagner mon procès. Le succès pour le cabinet est là, pour les associés aussi. Bref, il s'agit surtout de la recherche d'un travail bien fait. Car je le répète, je fais partie de ces pénalistes qui se considèrent comme des techniciens de la Cour d'assises.

Nous sommes des artisans, c'est au cas par cas et derrière, il y a un travail, une pratique, une étude et c'est dans ce travail que réside ce qui nous plaît avant tout. Un peu comme un compagnon du tour de France fait son chef d'œuvre à la fin de son compagnonnage, à la fin d'un dossier d'assises dans lequel nous visons l'acquittement, qui a été bien monté, que l'on a bien mené et qui aboutit au résultat escompté, c'est là notre chef d'œuvre.

On l'a construit avec nos réflexions, nos interventions, notre savoir-faire, notre Code de procédure pénale. Et notre grande satisfaction est uniquement là. Ensuite, que cela plaise ou ne plaise pas, ce n'est vraiment pas le problème.

De même que défendre des gens que l'on aime ou que l'on n'aime pas, ce n'est même pas une question que je me pose.

Après, nous sommes auxiliaires de justice, nous aimons le Droit, nous aimons la Justice. Ce n'est pas anodin. Nous n'avons pas fait ce métier-là pour accepter une injustice et la condamnation d'un innocent est toujours une injustice inacceptable. L'acquittement d'un coupable consistant elle aussi une injustice, mais acceptable.

La reconstitution, moment crucial

Les reconstitutions sont toujours des moments clés dans un dossier. Parce qu'émotionnellement, cela place l'accusé dans une atmosphère étrange. Car lui seul est capable de revivre les faits dans les lieux où il est replongé. Il a ses images dans sa tête. Et c'est ainsi que l'on peut sentir parfois des accusés très déstabilisés.

On a vu par exemple que, pour Jonathann Daval, cela avait été une épreuve colossale. De même que pour les parents de la victime bien évidemment. Je pense que ce jour-là, il a réellement revécu toutes les scènes de cette soirée funeste.

Les reconstitutions sont aussi propices à faire évoluer le dossier. Car le côté émotionnel incite à poser plus de questions, à affiner les positions, les versions, à revenir sur des détails… C'est aussi un moment qui permet de vérifier la validité du dossier. Et, parfois, la reconstitution est l'occasion de se rendre compte que telle ou telle version n'est pas possible. C'est pourquoi il s'agit d'un moment essentiel de l'instruction.

Nous avons ainsi eu dans une affaire de tirs mortels, mon associé Me Jérôme Pichoff et moi, une reconstitution où, vu la configuration des lieux et les angles de tir, nous avons réalisé que celui qui était désigné comme le tireur initialement par le frère de la victime, ne pouvait absolument pas être celui qui avait tiré. Le lendemain, il était remis en liberté. Alors que, sur le papier, son accusation tenait.

Bref, une reconstitution est un moment clé. Qui permet de faire s'effondrer l'accusation. Ou l'infirme. Ou la confirme.

Dans l'affaire Daval par exemple, l'une des questions cruciales était de savoir s'il était capable de porter, seul, le corps.

Car tous ceux qui avaient été sur place, ses avocats y compris, étaient persuadés du contraire. Le poids, la distance, etc. Tout semblait indiquer qu'il avait eu un complice.

Or, lors de la reconstitution, il nous a démontré en refaisant les gestes avec un mannequin de la taille et du poids de la victime, que ce qu'il disait était cohérent. Sans compter qu'au cours de cette reconstitution, il a refait les gestes dans un état de santé très moyen, et en tout cas bien moins bon que lors des faits.

Et c'est à partir de cette reconstitution que l'instruction a totalement abandonné l'hypothèse d'un complice.

Nouvelles constatations

La reconstitution est donc toujours un moment important. À tel point que, lorsqu'elle fait défaut, tout le procès peut s'en retrouver faussé.

Je prendrai pour exemple un dossier dans lequel j'ai plaidé avec mon confrère Me Jean-Baptiste Euvrard, suite au meurtre d'un adolescent, tué de plusieurs coups de couteau du côté de Montbéliard, puis aspergé d'essence et incendié, le tout par l'un de ses meilleurs amis.

L'accusé expliquait :

— Je suis allé le voir avec le coupé Mercedes de ma mère et j'ai rapporté la moto dans le coffre.

Des propos que les enquêteurs comme le juge d'instructions n'avaient pas pris au sérieux, estimant que le coffre d'un tel véhicule étant exigu et que la moto pesant plus de cent kilos, cela relevait de l'impossible

Bref, ils n'y croyaient pas du tout. Leur thèse étant qu'il était venu en fourgon mortuaire (celui de son beau-père) dans le but de voler la moto, et que donc il y avait eu préméditation, d'où l'inculpation pour assassinat.

Lui disait que non, il était venu avec le coupé Mercedes de sa mère, qu'il ignorait tout de ce qui allait se passer et qu'il avait mis ensuite la moto dans le coffre du véhicule, qui n'était absolument pas adapté pour cela.

En plein procès – à huis clos s'agissant de mineurs – nous signifions au président que la reconstitution est partielle, car on n'a jamais effectué de reconstitution en tentant de mettre la moto dans la Mercedes.

L'enquêteur venait en effet d'expliquer à la barre :

— Ce n'est pas possible. Non seulement, seul, il ne pouvait pas ranger la moto dans le coffre, elle est trop lourde. Mais qui plus est, elle n'aurait pas tenu dans un tel coffre, c'est trop petit.

— Impossible ? L'accusé est pourtant formel.

La reconstitution est néanmoins ordonnée, à notre demande, en pleine audience.

Et nous voici dans les sous-sols du palais de justice où ils font venir la Mercedes. Et voilà que le gamin ouvre le coffre, soulève la moto en la mettant sur son genou, la bourre dans le coffre par la roue arrière… Et elle tient !

Le gendarme est blanc. Séché.

Le président ordonne :

— Bon. Vous allez faire deux tours de parking, pensant que jamais la moto ne pourra rester dans le petit coffre de la Mercedes.

Ce que le gendarme fait. Et la moto ne bouge pas. Or personne n'y croyait !

Ce qui démontre qu'il ne faut jamais se contenter de croire les apparences. Mais toujours vérifier, surtout des éléments qui sont objectivables.

Et en cela, il n'y a qu'une reconstitution qui puisse permettre de lever ou non l'équivoque. Mais lorsque cela n'a pas été réalisé en amont, cela peut déstabiliser, voire faire basculer, un procès.

Le manche du marteau

Et puis, il y a parfois dans les reconstitutions des moments étonnants.

J'ai participé, à Saint-Dié, dans les Vosges, à la reconstitution d'un meurtre où trois hommes et une femme ont tué leur ami à la suite d'une soirée très alcoolisée. Lors de cette soirée, la seule femme du groupe accuse la victime de l'avoir violée.

S'ensuit un déferlement de violences sur celui qu'elle a désigné. Au point où il se retrouve entièrement nu, frappé pendant deux heures, suite à quoi ils vont tous lui uriner dessus.

Puis, considérant qu'il faut tout de même le punir, ils vont aller chercher un marteau et le sodomiser avec le manche.

Comme cela ne l'aura pas achevé, les agresseurs vont le mettre dans sa voiture, tirer celle-ci avec un tracteur jusque dans la forêt et y mettre le feu avec lui à l'intérieur.

La voiture ayant explosé, on retrouvera le corps de la victime éjecté de l'habitacle, le crâne fracassé contre un rocher. Une véritable nuit d'horreur pour ce jeune homme.

Et donc, le marteau avec lequel il a été sodomisé, constitutif de l'acte de barbarie du dossier, sera placé sous scellés. Or, ils sont trois à avoir pu commettre ce fait.

La reconstitution est très pesante. Car tout tourne autour de cet agissement ignoble. Les coups ? Oui, ils en ont tous porté et l'admettent. Lui avoir uriné dessus ? Même chose.

Qui a pris le tracteur ? On le sait…

Mais s'agissant du marteau là, ça coince. Il faut donc refaire les gestes.

Le juge d'instruction demande alors à la greffière de produire le scellé.

La voici qui prend sa paire de ciseaux, ouvre le scellé, empoigne le marteau par le manche et le présente aux différentes parties.

À ce moment-là, alors que la greffière ne connaît pas le dossier, le juge demande aux accusés :

— Est-ce bien le manche de ce marteau qui a été introduit dans l'anus de la victime ?

Les voilà qui répondent :

— Oui.

Et l'on remarque alors qu'il y a toujours, autour du manche que la greffière tient à mains nues, des résidus de sang et de matières fécales séchées. L'horreur.

On la voit alors devenir toute blanche. Nous avons cru qu'elle allait s'évanouir. Mais elle a vite réempoigné le marteau, en le tenant cette fois par la tête.

Dans le buisson

Lors de la reconstitution de l'affaire Daval aussi, cela avait été ubuesque. Ambiance Tour de France, avec des journalistes partout. À tel point que j'avais proposé en riant à Me Samuel Estève, que nous avions fait nous rejoindre dans le dossier, de monter dans ma voiture avec un pull sur la tête pour faire croire qu'il était Jonathann et ainsi faire diversion. Chose que nous n'avons évidemment pas faite.

Mais voilà pour situer le climat. Avec des journalistes qui photographiaient tout, partout, tout le temps.

Lorsqu'on arrive, on voit qu'il y a des drones, des chevaux, des voitures, des motos de gendarmerie… Un dispositif colossal. L'enjeu pour les journalistes était d'arriver à prendre en photo

Jonathann. Et à un moment, un buisson qui bouge en plein champs. Bon…

Nous continuons de marcher avec Samuel et Ornella vers la forêt. Et c'est alors qu'un des gendarmes s'écrie :

— Il y a un objectif dans le buisson !

Les gendarmes partent en courant droit sur le buisson qui détale… et débusquent un grand photographe à lunettes qui s'était déguisé en buisson. Et, comme il n'avait pas sa carte de presse sur lui, ils lui ont fait supprimer ses photos.

La pression d'avant procès

Avant un procès d'assises, la pression monte au fur et à mesure des jours qui passent et s'en rapprochent. Avec tous les autres dossiers et audiences qui s'intercalent au quotidien.

La pression culmine vraiment les deux jours avant l'ouverture des débats. Parce que, comme nous intervenons quasi systématiquement en binôme désormais, nous avons déjà beaucoup échangé, réfléchi à des questions, à des témoins. Nous avons déjà défini une stratégie.

Par exemple, dans certains dossiers où l'on ne plaide pas l'acquittement, nous pouvons avoir une stratégie de requalification des faits : que ce soit de viol en agression sexuelle ou de meurtre en coups ayant entraîné la mort sans intention de la donner, etc.

Il faut aussi penser, même si les circonstances atténuantes n'existent plus en tant que telles, aux arguments qui vont interférer dans le quantum de la peine, avec là aussi une démarche de contextualisation et d'humanisation de l'accusé… Tout cela se présente quasiment comme un produit fini au moment où le procès d'assises s'ouvre.

À deux, c'est mieux

Travailler en binôme permet non seulement de se répartir le travail mais aussi d'avoir des visions croisées voire parfois un garde-fou. Car il peut arriver que l'un des deux dise à un moment à l'autre : « Non, attention ! »

Mais pour être capable d'entendre ce « Non, attention ! », il faut avoir un partenaire en lequel on a pleinement confiance. C'est comme au tennis, quand on joue en double, il s'agit d'avoir un partenaire ou un adversaire qui joue aussi bien que vous. J'imagine par exemple que Nadal écoute Federer et inversement.

On prend donc des partenaires que l'on respecte, que l'on a vu jouer et que l'on estime énormément. C'est ainsi que le cabinet a développé collectivement une réflexion et un savoir-faire sur les procès d'assises qui font que nous en sommes à plus d'une cinquantaine d'acquittements.

La stratégie de l'avocat-juré

Après, ce qui est très intéressant et que l'on fait parfois, de plus en plus d'ailleurs, lorsque l'on travaille en binôme, voire en trio, c'est d'en avoir un qui a tout travaillé et connaît son dossier sur le bout des doigts et un autre qui va jouer le rôle du juré privilégié, de luxe, aux côtés du premier.

Et ce peut être très intéressant. Même si c'est très déstabilisant pour l'avocat qui joue le rôle de ce super juré auprès de son associé parce qu'il ne va pas pouvoir peser sur les débats puisqu'il ne maîtrise pas le dossier.

Faute de le connaître sur le bout des doigts en effet, il va se garder d'intervenir, au risque d'être pris à défaut. Car pour des jurés de Cour d'assises, dès qu'un avocat fait une erreur, c'est un menteur, ou un manipulateur, ou un prestidigitateur.

Il s'agit donc de faire très attention à chaque chose que l'on énonce devant une Cour d'assises. Et lorsque l'on se trompe, accepter de le reconnaître et l'admettre immédiatement. Parce qu'autrement, il n'y a rien de pire dans la tête des jurés.

Bref, l'avocat qui fait office de juré est celui qui va sentir les questions que vont se poser les jurés. Les éléments qui vont les marquer, ceux qui vont les faire tiquer, les zones d'ombres, etc. Il pourra dire à son partenaire de la défense :

— Là, tu vois, après cette audition, voilà les questions qui se posent.

Et on se rend compte que les questions que va se poser ce que j'appellerai l'avocat-juré ne sont parfois pas du tout celles que l'avocat qui a épluché et analysé tout le dossier s'est posées.

Parce que celui-ci est parfois trop prisonnier du dossier, et prisonnier d'une stratégie qui doit être constamment réajustée.

Or, disposer d'un avocat-juré est assez génial parce qu'on est toujours très attentif aux questions des jurés, à leur cheminement. Car il ne faut jamais perdre de vue que ce sont eux qui jugent. D'où le côté très précieux d'avoir un partenaire associé qui commence à dire :

— Attends ! Ok tu as raison. Mais il faut que tu prennes tel élément en considération. Que tu envisages tel aspect du dossier. Que tu répondes à telle question qui est devenue cruciale, etc.

Voire lui lancer :

— Attends. Stop, on n'a rien compris à ce que tu viens d'énoncer !

Ce n'est pas seulement important, c'est essentiel. Car pour l'avocat qui a la copie du dossier et a travaillé celui-ci de A à Z – alors que, particularité dans le jury d'assises, personne n'a cette copie, sauf le président – tout très clair. Mais si votre partenaire vous met en garde :

— Certes, pour toi c'est clair. Mais moi, là, je ne sais pas quoi penser…

Ce peut être un élément essentiel.

Après, tout dépend du dossier.

Échanges avec des journalistes

Cet échange-là, que l'on peut avoir avec un associé ou un confrère avec lequel on prend un dossier d'assises en commun, je l'ai eu de longue date avec des journalistes.

Je ne vais pas citer de noms, mais il est fréquent aux assises de demander à des journalistes, qui ont de l'expérience, une certaine distance et qui ne sont pas dans la représentation, bref, dont l'avis peut compter, de leur demander, en tant que professionnels qui suivent des dossiers, connaissent les procès et ont du recul, ce qu'ils en pensent.

Et il n'est pas rare qu'ils nous disent :

— Là tu vois, ça coince, il y a un point aveugle et ça ne passe pas.

Je me souviens particulièrement de l'affaire d'un jeune homme, accusé par une jeune femme de viol, qui l'aurait contrainte, en la plaquant contre le matelas, à avoir une relation sexuelle au terme d'une soirée alcoolisée. Lui n'avait pas de casier, il contestait les faits en expliquant que non, non et non, non seulement ils étaient tous deux alcoolisés, mais le rapport avait été consenti. Et il soulignait d'ailleurs que la plaignante avait mis deux semaines avant de porter plainte.

Bref, c'était très tangent. Il n'y avait pas de traces, ni ADN du rapport ni de coups quant à la contrainte. Et j'étais fort mal à l'aise car je ne parvenais pas à caractériser ces faits, à mettre des mots sur ce qui, à mon sens, s'était réellement passé.

Bien sûr, pour l'avocat général, c'était un viol !

Mais j'avais pour ma part du mal à identifier la nature exacte de cette relation. Et c'est en discutant avec une journaliste à laquelle j'ai exposé les faits que j'ai obtenu la réponse. Elle a eu ce commentaire éclairant :

— En fait, c'était une mauvaise expérience.

Et je me suis dit : C'est exactement cela ! Une mauvaise expérience.

Et c'est ce que j'ai plaidé.

Je n'ai pas obtenu l'acquittement mais l'argument a manifestement porté puisque la peine a été extrêmement faible. L'accusé a été condamné à deux ans dont un an avec sursis, alors qu'il avait fait un an de détention provisoire. Ma lecture est la suivante : les jurés ont considéré qu'il s'agissait certes d'une mauvaise expérience mais qu'il avait été trop loin. Oui, mais pas plus.

Et cette décision non accablante, nous la devons en partie à la réflexion de cette journaliste. C'était simple, mais c'était ça. Et la clé était là.

À l'époque, je travaillais tout seul. Et c'est pour cela qu'il est très intéressant et fructueux de travailler à deux, notamment lorsque l'un des deux est spectateur. Ce dernier va identifier à un moment des ouvertures que celui qui a le nez dans le guidon n'aura pas forcément la disponibilité de déceler.

Un procès se joue parfois au millimètre

Sachant qu'un avocat de défense dans un dossier de Cour d'assises a sa logique, sa stratégie et qu'il est toujours difficile de changer de stratégie, ou même de réajuster celle-ci.

Mais lorsqu'un associé spectateur, professionnel, qui lui n'a pas la copie du dossier et va faire part de certaines observations, il est beaucoup plus facile de le prendre en compte et de corriger le tir en fonction. De considérer que la stratégie que l'on a développée n'est plus pertinente, qu'il faut la revoir ou, *a minima*, la réajuster.

Car un dossier d'assises se joue parfois – pour ne pas dire souvent – au millimètre. Cela se joue parfois à une voix de juré... Donc à une impression, une réflexion, à trente secondes de procès.

Un lapsus très révélateur

Je me souviens d'un dossier que nous avions plaidé Me Samuel Estève et moi concernant un pilote d'hélicoptère accusé de viol sur son ex-compagne. Et à un moment, la partie civile – dont nous avions essayé de démontrer qu'elle mentait – vient à la barre pour témoigner.

Elle prétend qu'elle a pris énormément de poids parce qu'elle se suralimente depuis les faits, ce qui caractérise son mal être. Et l'expert psychiatre vient à la barre nous expliquer qu'effectivement, cette jeune femme a somatisé et que cela s'est traduit par une boulimie, d'où un surpoids quand il la voit, trois mois après les faits présumés.

Or, quand on examine le dossier, on a un élément de médecine légale intéressant qui est son poids au moment de la plainte.

Et en réalité, au contraire de ce qu'elle affirme, elle a perdu du poids. Deux kilos. Soit une amplitude de huit par rapport aux six kilos qu'elle prétend avoir pris en trois mois...

Je dis à l'expert :

— Elle vous dit qu'elle a pris six kilos alors qu'en réalité elle en a perdu deux. Autrement dit, elle vous a menti sur huit kilos, et vu sa morphologie ce n'est pas anodin. Qu'est-ce que vous pouvez nous dire là-dessus ?

Alors là, il me regarde :

— Ah ! Ce n'est pas du tout ce qu'elle m'a dit...

— Est-ce que l'on peut concevoir que ce qu'elle vous a dit n'est pas la vérité, Monsieur l'expert ?

— C'est tout à fait possible. Manifestement...

— Donc cela peut aussi changer vos conclusions ?

— En tout cas sur ce point-là, en effet, ce n'est plus si évident que cela.

— Mais quand elle vous dit qu'elle ne dort plus, c'est pareil.

Et c'est là que l'on voit qu'entre croire et savoir, il y a un écueil à éviter, un piège dans lequel il ne faut pas tomber.

L'expert aurait dû dire concernant le poids : « Elle m'affirme qu'elle a pris six kilos, je n'ai pas d'autres éléments que ses dires pour en attester ». Mais l'expert a pris ses dires pour argent comptant. Si elle le dit, c'est que c'est vrai, elle est de bonne foi, pourquoi mentirait-elle ?

Cette partie civile avait par ailleurs été assez extraordinaire. Notamment parce qu'elle accusait son ancien compagnon d'avoir eu des relations sexuelles abominables, notamment quand il était en opérations militaires extérieures où il l'aurait obligée à se servir de vibromasseurs d'une dimension phénoménale, dont un avait la taille d'un avant-bras, dans le cadre de leurs échanges en visio.

Effectivement, on l'avait dans les scellés et l'engin était très impressionnant. La partie civile était manifestement gênée par ce type de sex toy hors norme et souhaitait en terme d'image imputer son utilisation uniquement à son pervers d'ex-compagnon, c'est plus simple.

Mais concernant cette question, si nous avions au dossier les explications de cette dame (« J'ai été contrainte de me servir de cet engin abominable, j'en souffrais, ça me faisait très mal, j'en pleurais, etc. »), lui reconnaissant qu'elle s'en était effectivement servie mais qu'elle avait au contraire beaucoup apprécié. Et à l'appui de ses dires, Monsieur nous avait fourni une clé USB où Madame s'était filmée et sur laquelle elle n'avait pas du tout l'air de souffrir mais plutôt d'apprécier, au contraire de ce qu'elle prétendait.

Et depuis le début du procès, nous avions placé cette petite clé USB bien en évidence sur la table où l'on plaidait, ce que la partie civile avait bien remarqué. Et lorsqu'on a demandé à sortir les pièces à conviction, elle n'a pas fait d'observations, notamment sur ce fameux avant-bras, puisqu'elle avait compris que l'on avait la vidéo et que, le cas échéant, si elle maintenait ses accusations sur cet aspect du dossier, nous n'hésiterions pas à la produire. Il ne s'agit pas de nuire à l'image de la partie civile. Il s'agit simplement de ne pas laisser une partie civile mentir au détriment de l'accusé. Et dans un procès d'assises, il n'y a aucun tabou : tout doit être examiné à la loupe. On cherche la vérité, pas une apparence de vérité.

Certaines parties civiles sont plus coquines que victimes

De même avions-nous aussi imprimé le Facebook de cette plaignante. Où l'on voyait une femme magnifique, très apprétée, maquillée, dans la séduction totale sur ses photos… Au procès ? Une Amish ! Pas de maquillage, cheveux tirés en arrière et attachés, très mal habillée…

Au point que l'une de ses amies et collègues de la banque où elle travaillait va nous expliquer à la barre :

— On est encore sorties ensembles samedi dernier en boîte. Elle est toujours très bien habillée et maquillée, très féminine… C'est bien simple, je ne l'ai pas reconnue en arrivant.

On continue, on lui montre les photos du Facebook de l'intéressée :

— Oui, en général, elle est comme ça.

— Manifestement pas pour les assises… On a compris !

Et elle de nous préciser :

— Il y a quand même quelque chose qui m'a choquée. Peu de temps après ce qui lui est arrivé, elle m'a montré la photo de son nouvel ami, dénudé. Le plus choquant c'est qu'elle m'a dit qu'elle devait voir l'expert psychologue pour son affaire mais qu'elle ne lui dirait pas qu'elle avait un nouvel ami, sinon ça pourrait jouer en sa défaveur.

— Merci de ces précisions. La défense n'a plus de questions au témoin.

Peu après, alors qu'elle doit déposer à la barre, la partie civile va avoir un évanouissement. Grosse crise en plein milieu de la Cour d'assises. De notre côté, Me Samuel Estève et moi qui plaidions pour la défense, étions assez détendus, parce qu'on s'y attendait. Une intuition…

L'ambulance arrive. La plaignante part à l'hôpital. L'audience est suspendue…

Quelques heures plus tard, le certificat des urgences arrive, son avocat prend la parole en nous expliquant que sa cliente ne va pas bien du tout mais qu'elle va faire un effort et revenir de l'hôpital pour être présente à l'audience d'ici une heure. Ceci en nous communiquant les éléments médicaux, dont les analyses de la dame réalisées à l'hôpital.

Analyses qui étaient absolument parfaites. Au point où nous avons pris la parole pour dire :

— Madame le Président, si nous avions des analyses comme celles de la plaignante, nous serions très heureux. Elle va bien, et même très bien !

Manifestement, le malaise n'avait qu'une finalité : apitoyer et influencer les jurés en sa faveur.

Lorsqu'elle est arrivée à la barre pour déposer, je lui ai dit après lui avoir posé diverses questions anodines qui l'exaspéraient, tant elle avait envie d'en découdre avec les avocats de la défense qui malmenaient sa version de victime :

— Mais Madame, expliquez-nous un peu cette amplitude de poids.

Elle me regarde et me fait, pincée :

— Maître, vous saurez que dans cette affaire, j'ai beaucoup menti et j'ai beaucoup grossi. Oh pardon ! J'ai beaucoup maigri et j'ai beaucoup grossi !

Et là, avec Me Estève, nous avons vu la Cour d'assises avoir une réaction phénoménale, en se disant : « C'est vraiment un lapsus révélateur. »

J'ai ainsi appris que certaines parties civiles étaient plus coquines que victimes.

Au final, ce militaire que nous défendions a été acquitté pour les faits de viol qui lui étaient reprochés. Mais il avait quand même effectué neuf mois de détention provisoire. Sachant que toute sa carrière reposait sur l'absence ou non de condamnation.

Exit le pervers narcissique

C'est dans cette même affaire d'ailleurs où nous avions eu un expert terrifiant. Il était venu nous expliquer que l'accusé avait une mauvaise définition de l'amour et qu'il réduisait l'amour au sexe. Ah !

Je lui ai donc demandé :

— Et quelle est votre définition de l'amour, Monsieur l'expert ? Parce qu'il y en a tellement que pour ma part je n'en ai pas.

Et là il s'est repris en expliquant :

— Oui, non c'est vrai mais enfin quand même, limiter ses sentiments aux rapports sexuels, ce n'est pas vraiment adapté.

Pas adapté pour l'expert, mais qu'est-ce que cela avait à voir avec la psychiatrie ? De quoi je me mêle ?!

Or, il avait basé toute son expertise là-dessus. Et c'est là où l'on se rend compte que dans les Cours d'assises, de toutes petites choses peuvent prendre des proportions phénoménales.

Ainsi, l'ex-femme de l'accusé avait été interrogée, puisqu'on pensait qu'elle aussi avait été « sous l'emprise » de ce « pervers narcissique » et « manipulateur ».

Et la voici face au jury qui explique qu'effectivement, dans les deux années qui avaient suivi la naissance de leur fils, elle s'était sentie isolée, ils ne sortaient plus… Et avec le recul, maintenant, elle comprenait que oui, peut-être, il avait cherché à l'isoler. Il faut dire qu'elle avait répondu aux questions des gendarmes alors que son ex était en détention provisoire pour viol. Cela perturbe quelque peu le jugement. On le sait.

Nous avons donc interrogé cette femme par le biais de la visioconférence (exercice toujours pénible, rien ne remplace la présence physique d'un témoin à la barre de la Cour d'assises).

— Attendez, Madame. Avant la naissance de l'enfant, aviez-vous des sorties, des activités ?

— Oui.

— Et après, tout s'est arrêté ?

— Oui. On ne sortait plus, on ne voyait plus les amis, moins souvent la famille…

— Mais Madame, vous vous êtes séparés lorsque l'enfant avait dix-huit mois. Or, quand un enfant vient de naître, n'est-il pas compliqué de reprendre tout de suite une vie active avec des sorties ?

Elle en avait convenu :

— En fait, après réflexion, oui. C'est vrai. Ce n'était pas plus problématique que cela. Les deux années qui ont suivi la naissance de notre enfant n'ont pas laissé beaucoup de place pour les sorties et autres. De plus, j'étais vraiment très fatiguée l'année qui a suivi la naissance de notre fils.

— Vous interdisait-il de sortir, de voir du monde, d'avoir des activités ?

— Non. Mais tout tournait autour de notre enfant et lui avait son travail mais je me sentais assez seule.

— Isolée ?

— Non plutôt seule et peu soutenue par mon compagnon, mais effectivement, avec du recul, rien d'anormal en somme.

— Était-il violent physiquement ou verbalement ?

— Non jamais. Mais jamais de compliments non plus, pas d'attentions particulières.

— Pourquoi vous êtes-vous séparés ?

— Avec la naissance de l'enfant notre relation s'est peu à peu détériorée. Lui, c'était son travail avant tout. Et moi, je passais en second plan. On s'est séparés d'un commun accord : je n'étais plus heureuse et lui non plus.

Et voilà, tout simplement, comme dans de nombreux couples !

Hop ! Exit le pervers narcissique. Il avait disparu aussi vite qu'il était apparu dans la procédure.

Mises en danger et responsabilités

À noter qu'une fausse victime de viol, par exemple, qui accuse quelqu'un qui ne l'a pas violée mais avec laquelle la relation a été limite, a très souvent de vraies raisons de lui en vouloir. Et il ne faut pas oublier que dans certaines relations se nichent la haine, le dépit, la frustration de sentiments bafoués, ou autres.

Il n'est pas rare que de jeunes adultes de dix-huit, dix-neuf, vingt ans connaissent de mauvaises expériences. Qui plus est sur fond d'alcool et/ou de stupéfiants. Sauf que, si à une époque tout le monde était responsable de son propre comportement et de sa propre mis en danger, tel n'est plus le cas.

Il est arrivé à nombre d'entre nous, au lendemain d'une soirée de fête, de nous réveiller aux côtés d'une personne dont on s'est dit que l'on ne se serait pas couché auprès d'elle si l'on avait été à jeun. Mais sans s'estimer victime de quoi que ce soit pour autant.

Et si vous vous en étiez ouvert à vos parents, ils vous auraient dit, ou auraient été à mon sens bien inspirés de vous rétorquer :

— La prochaine fois, tu boiras moins et tu garderas tes idées au clair. Mais maintenant, il ne faut pas venir te plaindre d'avoir fait n'importe quoi.

J'ai ainsi eu par exemple à connaître d'une affaire qui s'est déroulée une soirée du Nouvel An au sein d'un club sportif.

L'alcool avait coulé à flot et tout le monde était particulièrement lesté. Une jeune sportive du club a eu trois relations sexuelles avec des amis différents, partenaires de club, tous autant alcoolisés qu'elle. Au point que certaines personnes, à commencer par elle, ne se sont plus souvenues le lendemain de ces rapports intimes.

La jeune femme ne s'en est aperçue que lorsqu'elle s'est retrouvée enceinte, quelques semaines plus tard, pensant que le père de l'enfant était un garçon de son cercle proche.

Or celui-ci, entendu, a indiqué :

— Oui, d'accord, mais je n'étais pas tout seul…

Et on a ensuite réalisé qu'il y en avait eu un autre, puis un troisième, et qu'elle ne se souvenait d'aucun. Bon. Cela s'appelle à mon sens les expériences de la vie. Et en l'occurrence, plus qu'une mauvaise expérience, il s'agissait là d'une expérience vraiment dramatique.

Mais pas pour autant d'un crime.

Nous avons eu la chance de tomber sur un procureur de la République qui a requis un non-lieu, alors qu'il y avait eu mise en examen.

Mais je crois profondément, malgré le discours ambiant actuel, que l'on est responsable de ce que l'on fait. Un ou une jeune de dix-huit ans vote, même en n'ayant que dix-huit ans. Il s'agit donc de se montrer responsable.

Les parents ont une responsabilité dans l'éducation. Que l'on soit un jeune homme ou une jeune fille, on ne va pas n'importe où n'importe comment et on ne fait pas n'importe quoi. Surtout quand on sort, parce qu'on peut sérieusement se mettre en danger.
Et c'est sûr que si on fait une soirée de défonce, cela risque de très mal se terminer. Alors après, certes que l'on soit jeune femme ou jeune homme, on peut se retrouver victime de débordements. Mais parce que ces personnes ont eu des conduites à risque. Tout comme celui qui avec deux grammes d'alcool dans le sang prend le volant de sa voiture et se tue avec ses trois copains. C'est triste, c'est dramatique, mais malgré tout, le seul responsable, c'est lui. Ce n'est pas l'alcool, ni la drogue ou autre : c'est son comportement.
Et je pense que lorsqu'on se met en danger, quel que soit le cas de figure, il faut en assumer les conséquences. Bref, ce n'est pas toujours la faute des autres. Cela s'appelle la responsabilité.

Le procès comme une bulle

La nuit d'avant un procès ? Oui, je dors bien. Toujours. Vous savez, après quatre ou cinq whiskys... Non. Sérieusement, un procès d'assises n'est pas compatible à mon sens avec ce type d'intempérance. Il est vrai que certains avocats, grâce aussi à leur nature, sont capables de sortir et de faire la fête toute la nuit avant d'arriver au procès. Moi je ne peux pas.

Avec mes associés ou les confrères avec lesquels je plaide, la première règle est aucun débordement, ni même aucun excès pendant toute la durée du procès. Et on ne parle que du dossier et de rien d'autre. Car, comme nous sommes un cabinet très structuré, quand certains d'entre nous sont aux assises, aucun autre dossier n'existe pour eux. C'est une immersion totale.

On n'est disponible pour personne, pour aucun problème, même pas pour sa famille. Et on ne sort de cette bulle qu'au moment du prononcé du verdict. Du moment où l'on commence, ou plutôt de la veille du début des débats, jusqu'au moment du délibéré, il n'y a que cela qui nous anime. C'est au-delà de l'obsession.

Mais une fois que le verdict est tombé, c'est terminé. Complètement évacué. C'est pour cela qu'il est toujours très difficile de reprendre un dossier d'assises en appel. Parce qu'on y a mis tellement d'attention tellement d'intensité, tellement d'énergie, que – sauf si on estime avoir raté certaines choses en première instance, ce qui peut arriver – il est très rare que l'on ait envie de plaider à nouveau le dossier en appel.

C'est néanmoins arrivé dans le dossier d'un médecin accusé de viol, condamné en première instance et que nous avons fait acquitter en appel.

Nous avions à mon avis raté certaines choses au premier procès et nous avions vraiment envie de refaire le procès en appel où nous avons mieux su voir les problèmes posés par le dossier, d'autant qu'il s'agissait d'un dossier difficile.

Le taux de stress n'a jamais fait augmenter les notes

Bref, je dors bien à la veille d'un procès. Si difficile se présente-t-il. Mais je pense que c'est une façon d'être. Je n'ai jamais eu d'insomnies quand je passais mes partiels de droit, pas plus que lors des épreuves du Bac.

Après, on est construit comme on est construit. Mais j'ai toujours appris que le taux de stress ne faisait jamais augmenter les notes.

À telle enseigne que la semaine avant de passer mon examen à l'école d'avocat, mon père, qui m'avait aidé sur l'examen parce qu'il connaissait bien les concours pour avoir fait l'École de Guerre, Saint-Cyr, etc., m'a dit :

— Écoute, prends-toi une semaine de repos.

Je lui ai répondu :

— Ben quand même, il faudrait peut-être que je révise...

Et il m'a répondu :

— Non, non, non. Il faut évacuer. Ne surtout pas bachoter et le jour J, tout ce que tu as appris sortira tout seul.

C'est exactement ce que j'ai fait. Et avec mon ami Claudel Delumeau, nous avons fini lui premier et moi deuxième (alors que j'avais été l'année précédente parmi les dix derniers). Ceci à la grande consternation de certains étudiants – et même d'enseignants – qui m'en veulent encore...

Mais j'avais réalisé entre-temps que j'avais parcouru la deuxième année de droit très scolairement. Trop. Sans prendre la peine de comprendre la grammaire du droit, l'importance de ses principes : la légalité criminelle, l'interprétation stricte, etc. Et cela m'empêchait d'appliquer au cas par cas de bonne façon le droit.

Juste avant l'ouverture du procès

Le matin avant l'ouverture du procès, les accusés sont tellement sous tension qu'ils sont très peu accessibles aux conseils. Il vaut donc mieux attendre qu'ils aient évacué cette tension phénoménale qui réside dans le fait d'entrer dans la Cour d'assises pour leur dire quoi que ce soit.

Il faut bien considérer en effet, qu'à de rares exceptions près, l'accusé n'a pas d'expérience de cette épreuve qu'est la comparution devant une Cour d'assises.

La première fois que je suis entré dans une Cour d'assises, en l'occurrence celle de Besançon, elle mesurait pour moi deux cents mètres de long sur cent mètres de haut. Une cathédrale.

J'étais écrasé. Or, on ne me reprochait rien. Étudiant en droit, j'étais là en simple spectateur.

Quand on est accusé, c'est d'autant plus terrifiant. On est complètement abasourdi par tout ce qui se joue autour de nous. Point central du procès, on est dans la cage, regardé par tous.

Et l'on voudrait être n'importe où mais autre-part. Car quand on est le centre d'intérêt pour quelque chose de bien, on a le trac, d'accord. Mais là, on y est parce qu'il nous est reproché quelque chose d'abominable et on sait qu'à chaque minute, on va jouer sa peau. Sachant que ce ne vont être que des questions, des critiques, des reproches, des préjugements…

Bref, c'est tellement difficile que l'on se parle assez peu entre avocat et accusé, dans ces moments avant l'ouverture du procès.

D'autant que nous partons du principe qu'un accusé, qu'il soit coupable ou innocent, est à 99 % du temps mauvais (si cela se passe bien) et catastrophique le reste du temps (quand cela ne se passe pas bien).

Et quand il est bon, ce qui arrive, heureusement, c'est l'exception de l'exception. Autrement dit rarissime.

Car accusé d'un procès d'assises est l'une des pires places que l'on puisse avoir dans notre société. Et globalement, dans un procès, on ne compte pas vraiment sur l'accusé. Bien davantage sur le dossier, les différents témoins et la dynamique des débats.

La magie blanche ou noire de la Cour d'assises

Pour exemple, je plaidais un dossier d'assises en appel avec Me Samuel Estève et pour ma part j'étais sûr de l'acquittement. Le type, accusé de viol, avait pris huit ans en première instance.

J'avais dit à Samuel :

— Viens avec moi, ça va être intéressant.

Le dossier se déroule sur cinq jours. Les quatre premiers jours, tout roule, impeccable, confiance absolue.

Mais le dernier jour, l'ex-femme de l'accusé se présente à la barre, jolie femme, quarante ans, toute menue et dit au président :

— Monsieur le Président, est-ce que je peux vous donner une lettre ?

Le président la regarde, interloqué, et lui répond :

— Oui, bien sûr Madame.

Elle lui explique alors :

— Non mais, c'est parce j'ai bien compris ce qu'il se passe. J'ai compris que mon ex-mari allait être acquitté. Et je voulais juste vous dire que demain, je serai morte.

On se regarde alors Me Samuel Estève et moi, interloqués, en se demandant « mais qu'est-ce qu'elle nous fait là ? »

Le président l'invite à lui donner sa lettre. Et l'audience est suspendue…

Pendant ce temps, la lettre est photocopiée pour être communiqué aux parties, tant défense qu'accusation, et nous en prenons alors connaissance.

C'est terrible.

L'accusé a écrit en substance :

— Espèce de petite salope, je t'ai vue sur les photos du journal en train de danser dans ton club de danse. Dès que je sors, t'es morte, je vais te défoncer, tu ne t'en sortiras pas comme ça, etc.

Nous regardons la date : quinze jours avant le procès !

Et la signature : c'est bien celle de notre client…

Nous nous retournons alors vers lui en lui lançant :

— Ce n'est pas possible ! C'est vrai ! C'est terrifiant Monsieur ce que vous avez fait !

Et il nous explique :

— Oui mais non. Je n'ai pas supporté de la voir en photo dans le journal entourée de tous ces mecs que je déteste…

Je lui fais alors remarquer :

— Vous vous rendez compte que vous êtes en train de tout démonter ! Car tout ce qu'elle dit est vrai.

Ça a été terminé. Il s'est pris dix ans.

Cela fait partie du procès d'assises où tout peut basculer en trois secondes. Où on ne sait pas tout. Où notre pire ennemi est parfois nous-même. Ou la personne que l'on défend. Et il faut l'accepter. Cela fait partie de la magie, blanche ou noire, de la Cour d'assises.

Un costard pour l'accusé

Oui, il nous arrive de conseiller un accusé sur son apparence vestimentaire face à la Cour d'assises. Sans aller fouiner dans sa garde-robe, nous pouvons lui donner quelques éléments de bon sens.

Je me souviens notamment d'un étrangleur, que mon épouse m'avait invité à défendre à ses côtés, et auquel j'ai prêté de mes propres habits.

Extrêmement imposant, complètement imberbe et avec des mains énormes qu'il serrait compulsivement ce qui les faisait devenir écarlates, il donnait une impression terrible.

Qui plus est, ayant été strip-teaser, il arborait des T-Shirts moulants : c'était Monsieur Propre.

Je me suis dit, ce n'est pas possible. Et lui ai donc apporté un costume, une chemise, histoire de dissimuler cette masse impressionnante. Et après, son procès s'est très bien passé.

Mais, même si l'apparence peut parfois être complexe, c'est assez rare qu'on donne réellement des conseils.

En l'occurrence, nous nous sommes permis des conseils de relookage car son apparence le desservait et montrait un personnage de cinéma qu'il n'était pas.

Des conseils oui, des consignes non

Pour autant, si l'on peut donner çà et là des conseils, il ne sert pas à grand-chose, voire à rien, de donner des consignes à un accusé. Pour exemple, un jour, je défends un accusé dans une affaire de viol à Lons-le-Saunier. Comme il avait du mal à trouver les mots, je lui dis :

— Sur tes dernières paroles, tu dis à la Cour d'assises que cela fait quatre ans que tu es détenu, que tu es épuisé par la situation, et tu te rassois.

Il se lève et énonce :

— Voilà, ça fait quatre ans que je suis détenu, je suis épuisé par la situation, je n'en peux plus et je me rassois.

De même qu'un de mes associés, Me Pichoff, avait eu le cas d'un de ses clients se levant pour dire, ayant la parole en dernier comme c'est toujours le cas avant que le jury ne se retire pour délibérer :

— Mon avocat a bien parlé, je suis d'accord avec sa plaidoirie, de toute façon c'est devenu pour moi plus qu'un Avocat, un ami...

Mon associé était consterné.

Bref, il ne sert à rien d'essayer de les briefer.

De toute façon, l'avocat est celui qui parle pour l'autre. La notion de l'avocat, c'est celui qui prend la parole à la place de celui qui n'est pas capable de la porter. Regardez dans la Bible : c'est Aaron assistant Moïse devant le Pharaon. C'est celui qui argumente et développe.

D'où le fait que, très souvent, moins un accusé parle, mieux cela peut valoir. D'autant que certains accusés peuvent être très dangereux pour eux-mêmes, que certains en arrivent à dire le contraire de ce qu'ils voudraient dire... Avec en plus l'intensité, les tensions et le stress de la Cour d'assises.

Sans compter les lapsus, les moments de flottement...

Le fou rire

La pire des choses en audience, c'est le fou rire.

Cela m'est arrivé avec mon confrère Samuel Estève. Nous défendions un curé accusé de viol sur une paroissienne et, vu la tournure des débats, nous avons été pris d'un fou rire monstrueux. Heureusement, nous avons bénéficié d'une suspension d'audience et nous avons passé plusieurs minutes dans les toilettes à ne pas réussir à nous arrêter de rire. C'était nerveux. L'huissier nous cherchait partout pour reprendre l'audience.

Cela peut choquer mais il ne faut surtout pas prendre la réalité telle qu'elle est immédiatement : il faut l'accepter.

Je me rappelle aussi de cet avocat général, reconnu pour ses compétences professionnelles, que j'appréciais beaucoup, Daniel

Depoulon qui, dans une affaire où la victime avait été tuée d'une balle dans le crâne par son agresseur venu la voler, avait lancé, s'agissant de la victime qui avait ouvert la porte à son meurtrier :

— On se demande bien ce qui a pu lui passer par la tête…

Et tout le monde de penser :

— Une balle de 6.35.

Il y a des moments comme cela, dans la tension extrême d'un procès, qui peuvent provoquer en contrecoup le rire. Car les choses ont un écho différent. Encore une fois, cela peut paraître bien sûr choquant lorsqu'on le considère à froid. Mais c'est la réalité. La même que celle des blocs opératoires où chirurgiens et carabins ne sont pas en reste d'humour noir. C'est sur le moment. À remettre en perspective avec tout ce qui précède. Et tout ce qui va suivre. Ce n'est compréhensible que dans le contexte précis de la Cour d'assises. Comme ces fous rires incoercibles qui ont pu nous venir en plein cours au collège ou au lycée.

C'est aussi, par exemple, ce président, dans un procès opposant des Chinois et les Turcs, qui dit très sérieusement que « Bon, on ne va pas chinoiser », provoquant l'effroi de ses assesseurs, terrifiés à l'idée que le propos soit taxé de raciste.

Ou cet avocat général qui, dans un dossier où la victime est japonaise, relève que ses proches « ont dû rire jaune ».

Ou encore cet autre président, homme de son temps, qui dit à l'accusé :

— Et donc vous êtes fan de u deux ?

Avant que ses assesseurs ne lui fassent remarquer que le nom du groupe U2 se prononce « you too »…

Un café avant tout

Je n'ai aucun rituel avant un procès d'assises. Mais il me faut un café. Ma pire expérience en Cour d'assises est d'avoir plaidé à neuf heures du matin sans avoir bu mon café.

Je donne toujours comme conseil à des avocats qui interviennent pour la première fois en Cour d'assises, ou que je vois un peu à la peine, de se lever, de prendre leur temps avant d'aller plaider, de poser leurs affaires tranquillement, de prendre leur souffle… et de commencer.

Car il y a très souvent une pression interne qui fait que c'est difficile. Il faut donc surtout être tranquille. Et pour cela, il faut occuper son espace comme si on était au bureau.

Moi maintenant, et depuis très longtemps désormais, je suis en Cour d'assises comme au bureau. Après, je n'ai pas beaucoup de mérite parce que je suis très myope et, même avec mes lentilles, je ne vois pas très bien. C'est donc plus pratique.

Et surtout, je considère qu'on est au boulot. Ce qui explique qu'il n'y a pas beaucoup de place à la représentation. Très peu de côté artistique, théâtral, effets de manche, etc. On n'entre pas sur scène. On est au travail. Alors, je conçois que cela choque parfois certains parce qu'on fait de drôles de têtes, mais on est sur le dossier avant tout.

« Récusé »

Il y a différentes ambiances de prétoires, selon le type d'affaire et le type de public. Avec des procès où l'on sent que le public a envie de participer. Des dossiers comme le dossier Daval, le dossier Zepeda, etc. Il y a aussi des attitudes…

Après, s'agissant du tirage au sort des jurés, on regarde comment se présentent les gens, comment ils sont habillés, et oui, on fait fonctionner nos préjugés. Parce qu'on n'a que cela.

Au moment où le président procède au tirage au sort des jurés, nous n'avons sur la liste que les nom et prénom de chacun, plus la date et le lieu de naissance. Et parfois, mais pas toujours, la profession.

On n'est donc que sur des préjugés car ce n'est pas sur une profession ni un âge que l'on peut juger quelqu'un, pas plus qu'à sa tête. Et pourtant il faut bien faire avec cela…

Quant à l'attitude avec laquelle le juré qui vient d'être tiré au sort se présente dans le prétoire pour rejoindre son siège, je crois qu'en la matière, tous les préjugés sont faux.

Pendant très longtemps, j'ai considéré que ceux qui se levaient très vite avaient envie d'en découdre et donc de condamner et qu'à l'inverse ceux qui se présentaient timidement feraient preuve de davantage de retenue au moment du jugement.

Mais là encore, je pense qu'il ne s'agit que d'a priori dont il faut se méfier. De même que l'on peut avoir les cheveux très courts et des Rangers aux pieds et être un homme de gauche et avoir les cheveux longs en étant chaussé avec des Church et appartenir à l'ultra-droite.

Notre seul souci est de sélectionner en recherchant les personnes dont il nous semble qu'elles ont le profil le plus mesuré.

Cela n'est pas écrit sur la tête des gens. Mais c'est ainsi que fonctionne le système français. Et tant que l'on n'aura pas accès aux jurés, notamment dans le cadre d'une réunion préalable où il serait possible de leur poser des questions pour connaître un peu leurs orientations, leurs idées, leurs réflexions, leurs lectures, etc., on choisira au préjugé. En sachant qu'on peut parfaitement se planter.

Dans son livre *L'Abolition*, je crois, Robert Badinter cite d'ailleurs cette anecdote d'une jurée qu'il avait récusée lors du procès de Patrick Henry et dont il a réalisé par la suite qu'elle militait activement contre la peine de mort.

Quant à utiliser tous ses droits à la récusation, histoire de montrer aux jurés qui vont siéger qu'ils n'ont pas été choisis par le seul hasard mais adoubés aussi en quelque sorte par la défense, si certains pratiquent cette stratégie, je n'y adhère pas non plus. Là aussi je crois que cette théorie est erronée.

Il y avait en effet cette méthode à une époque qui consistait dès le début à récuser : la foudre s'abattait sur le premier juré tiré au sort et c'était une façon pour l'avocat de la défense d'asseoir son autorité en signifiant ainsi : « Attendez, ça passe par moi ».

Et le deuxième juré tiré au sort, s'il ne regardait pas la défense, blam ! récusé lui aussi. Comme cela, le troisième se présentait en baissant la tête, comme s'il demandait la permission, l'avocat estimant alors qu'il avait pris le pouvoir.

Je n'y crois pas. D'autant qu'à mon sens, il n'est pas question de prendre le pouvoir en Cour d'assises. On ne travaille pas comme cela. Il ne faut pas prendre l'arène judiciaire pour les jeux du cirque.

Les jurés vont écouter l'avocat parce qu'ils vont respecter son travail, le trouver pertinent dans les questions qu'il va poser, les observations et réflexions qu'il va formuler. Bref, ce sont ses interventions qui doivent convaincre et faire en sorte que les jurés se disent : « Il a raison ».

Il arrive ainsi que l'on ne récuse pas du tout. Ou, à l'inverse, qu'on utilise tous nos droits à la récusation, comme dans l'affaire Daval par exemple où l'on ne voulait qu'un jury de femmes. Car, miracle !, notre société a su – encore pour l'heure – préserver les jurys d'assises de l'exigence de parité.

Hommes-Femmes, mode d'emploi

Pourquoi souhaitions-nous un jury féminin dans l'affaire Daval ? Car souvent dans les affaires de ce type, de même que dans les dossiers de viols, les femmes ont le droit de s'interroger sur le comportement d'une femme, droit que les hommes n'ont plus aujourd'hui, sous peine de passer pour des sales types.

C'est aussi pour cela que dans le dossier Daval il était fondamental qu'une avocate, mon associée Me Spatafora, intègre l'équipe de défense. Car elle a le droit, aux yeux des jurés, d'entrer dans certaines sphères, d'aborder des sujets et de poser certaines questions qui ne seraient pas autant entendues – voire seraient inaudibles pour certains – si c'était un homme qui les abordait.

Nous choisissons aussi parmi les jurés tirés au sort des femmes qui ont de l'expérience, ce qui permet d'avoir plus de recul, de nuances et une meilleure réflexion, plutôt que des jeunes femmes parfois pétries d'idéaux, qui ne se sont guère frottées à la vie, ont une grille de lecture très formatée et pensent savoir au lieu de savoir penser.

Quant aux jurés hommes, ils vont avoir tendance à se montrer d'autant plus sévères qu'ils voudront se démarquer de l'accusé en tant qu'homme. Or, une femme n'a pas à se montrer différente de l'accusé puisqu'elle l'est par nature. Elle n'a à se justifier de rien dans ce domaine et elle est donc autorisée à faire preuve d'empathie, de compréhension quant au contexte qui a entouré le passage à l'acte. On ne peut pas la soupçonner a priori de complaisance.

Alors qu'un homme pourrait être soupçonné d'être lui-même quelqu'un de violent, d'avoir une problématique sexuelle ou autre. La position de l'homme est devenue très délicate, bridé qu'il est dans sa liberté d'expression. Il n'a que la liberté de l'expression bien-pensante qui consiste à dire : « Coupable ! Et avec la sanction maximale ! »

Voilà pourquoi, dans un procès comme celui de Jonathann Daval, nous ne voulions que des femmes dans le jury.

Profils de jurés

S'agissant des profils de jurés, les soignants nous font peur, parce qu'il y a souvent de la médecine légale dans les dossiers, qu'ils peuvent avoir un avis très tranché et qui s'impose, car ce sont des sachants et qu'ils peuvent ainsi prendre l'ascendant sur les autres jurés.

On se méfie aussi des journalistes, pour les mêmes motifs que les soignants, parce qu'ils sont dans un monde à part, avec des capacités à s'exprimer, des possibilités de convaincre et souvent des a priori qui peuvent être dangereux. Ils se vivent un peu comme des anges, en cela que certains estiment qu'ils pensent bien – et même le Bien – sans être doués de la faculté de se tromper. Méfiance donc…

En général, nous évitons aussi les anciens policiers, gendarmes et militaires. Ceci pour le cliché de les considérer comme psychorigides, répressifs s'agissant des gendarmes et militaires – alors que moi qui ai un père militaire, c'est tout l'inverse.

Mais un ancien avocat ou un ancien magistrat ne nous conviendraient pas plus !

En fait, on préfère avoir des citoyens très ordinaires, qui ne sont pas très au fait de la justice. Car on veut qu'ils aient l'esprit le plus libre possible, avec le moins d'a priori possible, pour être le plus impartial possible, ceci afin que le jury soit équilibré, travaille, fonctionne et réfléchisse ensemble sans qu'il y en ait un ou une qui prenne l'ascendant sur les autres.

Première suspension d'audience

Après la sélection des jurés, une fois le jury constitué, on fait une pause. Cette suspension d'audience est destinée à permettre aux jurés tirés au sort pour siéger de prévenir leurs proches et prendre leurs dispositions.

Nous en profitons alors pour dire à l'accusé :

— Là, maintenant, vous êtes tranquille pendant un quart d'heure. Vous redescendez en pression. Vous reprenez votre souffle. Ensuite, vous allez entendre l'exposé du président. Vous n'intervenez pas. C'est seulement après qu'on va commencer à vous poser des questions.

Cela laisse le temps de faire réduire la dimension de la Cour d'assises dans l'esprit de la personne et de l'amener progressivement dans son procès. Elle a pu prendre la mesure des choses, identifier qui est qui et se trouve où. Elle a pris ses marques, s'est habituée à l'endroit où elle se trouve et pu ainsi établir certains paramètres lui permettant d'exister et de ne plus être suffoquée.

Sachant que les pauses en Cour d'assises sont fondamentales. Ce sont des moments privilégiés pour réfléchir, faire un bilan d'étape et ajuster la stratégie du procès. D'autant que les jurés font exactement pareil : ils discutent entre eux, font le point, questionnent, s'interrogent, repartent sur quelque chose. Et il est ainsi très fréquent que juste après une pause, le président ait une nouvelle question sur tel ou tel aspect du dossier. Et on réalise alors que tiens, tel ou tel élément avait plus d'importance qu'on ne le pensait.

Premières minutes du processus du procès

Le début du procès est fondamental car le président fait un résumé de l'affaire en reprenant les éléments à charge et à décharge.

Certains présidents font leur résumé, d'autres reprennent le résumé tel que l'a formulé le juge d'instruction dans son ordonnance de mise en accusation.

À partir de ce moment-là, nous sommes tous dans la bulle de la Cour d'assises. À savoir que l'on ne va parler que du dossier et ne penser qu'à cela jusqu'à l'énoncé du verdict. L'accusé bien évidemment, les parties civiles, mais aussi les jurés et les avocats et les magistrats.

Dès lors, tout le monde travaille constamment. C'est pour cela qu'un procès d'assises nécessite beaucoup d'énergie.

L'escorte

S'agissant des personnes qui escortent les accusés, qui sont désormais essentiellement des personnels pénitentiaires, que l'on appelle l'ARPEJ (Autorité de Régulation et de Programmation des Extractions Judiciaires), nous avons eu une équipe extraordinaire à l'occasion du procès de Jonathann Daval, qui a très bien su gérer ce procès compliqué. Et, à la fin du dossier, nous avons pris des photos ensembles très sympas. Parce que nous avions vécu des moments très forts ensemble, et que ces personnels dédiés font très souvent tout pour ne pas en rajouter pour l'accusé. Du moins, en l'occurrence, cela a-t-il été le cas.

L'accusé en effet étant la plupart du temps dans une situation émotionnelle catastrophique, ils font en sorte que ce soit le moins difficile possible pour lui, afin de ne pas l'accabler davantage. Ce qui, pour la défense, est très appréciable. Cela permet d'avoir très facilement accès à l'accusé, de le voir dans de bonnes conditions, tout en respectant bien évidemment les règles de sécurité, mais avec de la confidentialité.

La pythie de Lons-le-Saunier

Une anecdote, concernant les escortes. Un jour, dans un procès où je plaide à Lons-le-Saunier, juste avant le délibéré, un des types de l'escorte vient me voir et me glisse :

— Tu vas prendre douze ans…

Je le connaissais comme ça, sans plus, mais nous avions de bons rapports. Sur le moment, je ne prête pas plus que cela attention à ce qu'il vient de me dire.

Le jury revient avec son délibéré. Verdict : douze ans.

Marc de café, boule de cristal ? À moins que ce ne soit l'expérience… Car lui aussi, en tant qu'agent d'escorte, multiplie les procès. Bon.

Quelques mois après, je plaide à nouveau devant la Cour d'assises du Jura et, juste avant le délibéré, je le croise et il me fait :

— Huit ans.

Bis repetita. Le verdict est en effet celui qu'il m'a annoncé.

Là, comme en l'occurrence, ce n'était vraiment pas facile à deviner, je me dis :

— Mazette, il est vachement fort le mec !

J'appendrai deux semaines après que la présidente de la Cour d'assises est montée dans les tours parce qu'en fait, les portes de la salle des délibérés était mal insonorisées. Ce qui fait que l'on entendait tout en étant à proximité !

Cela a occasionné un clash terrible. Suite à quoi tout a été étanchéifié. Parce que le délibéré doit être entièrement secret.

Je ne sais pas comment la présidente a appris qu'il y avait des fuites mais en tout cas, ça a été cataclysmique. Il faut dire que c'était énorme !

Pendant les débats

J'ai l'habitude de changer de place dans le procès, en fonction des intervenants à la barre, pour voir comment réagissent les jurés, ou observer tel ou tel intervenant.

Parfois on se rapproche. D'autre fois on s'éloigne. Un procès n'est pas statique, ou du moins à mon sens ne doit pas l'être. Et cela fait partie des choses qui ne sont pas codifiées dans la Cour d'assises.

De même, selon le moment, j'interroge parfois assis, parfois debout ; je peux aussi être juste à côté d'un témoin, d'un expert ou d'un enquêteur… Cela dépend.

Et dans l'absolu, j'aimerais que l'on enlève les robes pour être, comme aux États-Unis, au plus proche des autres et le plus possible au contact des jurés.

Or, dans les Cours d'assises, il y a un cérémonial, une architecture, un tracé qui font que le cadre est assez inquisitorial. Mais nous essayons de faire en sorte qu'il y ait beaucoup de contradictoire et d'intégrer les jurés avec nous en les faisant participer à nos réflexions, même si cela n'est pas facile. Parce que les dispositions de Cour d'assises ne sont pas faites pour cela.

Ainsi l'accusation, assurée par l'avocat général, est physiquement en surplomb de la défense. Simple question d'huisserie ou de menuiserie comme il nous arrive de le dire, mais cela n'est pas fait pour rien…

Une élaboration commune

Il faut bien considérer que, lors d'un procès d'assises, toutes les parties travaillent ensemble. Dans ce sens où, si chacun tire de son côté et avance des arguments servant sa cause, il s'agit de forger, tous ensemble, un verdict. Lequel sera le fruit des réflexions du jury qui, tout au long des débats, auront évolué.

Cette notion de travail et d'élaboration commune est essentielle. Quoi qu'il en soit, nous travaillons sous la direction d'un président de Cour d'assises qui est, le plus souvent et de plus en plus, de qualité. C'est quelqu'un qui ne va pas laisser se faire ou dire n'importe quoi et qui ne laissera pas passer des malhonnêtetés.

J'entends par malhonnêteté le fait de tronquer un procès-verbal, de travestir des déclarations, de biaiser des conclusions d'experts, de tordre des écoutes téléphoniques, de laisser penser des choses fausses, etc.

Il est donc important que ces travaux se passent sous le contrôle du président de la Cour d'assises. Mais aussi sous le contrôle des jurés !

Je me souviens que lors d'un procès, un témoin était venu à la barre, il avait dit quelque chose et j'avais compris autre chose. Je me suis ensuite permis de rebondir dans un autre interrogatoire sur ce qu'avait dit le témoin, ou plus exactement sur ce que je pensais qu'il avait dit.

Et j'ai vu alors certains jurés tiquer. J'ai ressenti une hostilité par rapport à mes dires.

Je me suis arrêté et j'ai dit au président, qui en l'occurrence était une femme :

— Madame le Président, manifestement, il y a un problème. J'aimerais savoir de quoi il s'agit parce que là, je ne comprends pas.

Et la présidente de me répondre alors :

— Mais Me Schwerdorffer, vous dites que... Or le témoin n'a jamais dit cela. Il a dit l'inverse.

J'ai alors reconnu :

— Je suis désolé. Veuillez m'excuser. J'avais mal compris.

Mais si je n'avais pas été attentif, j'aurais très bien pu continuer dans mon raisonnement, et je me serais alors discrédité.

Il s'agit donc d'être à l'écoute. Or, si on est dans la représentation, les effets de manche et tutti quanti, non seulement on ne ressent pas forcément l'attitude sceptique des jurés mais, même si c'est le cas, on ne peut pas faire machine arrière.

Alors que si l'on se place dans une posture de travail, comme dans tout travail, on évolue au fil de l'élaboration de ce que l'on fait, on corrige ici, on précise là...

Et malgré la configuration des Cours d'assises, où le ministère public est à égalité avec le jury mais en surplomb de la défense et des parties civiles, cette notion de travail, en laquelle je crois profondément, est aussi une façon de remettre les choses à plat.

C'est aussi pour cela que j'aime particulièrement le système anglo-saxon de l'objection, que nous n'avons pas en France, et qui permet beaucoup plus de discussions et de contradictoire sur des points de difficulté qui sont tranchés par le président.

Tout au long des débats, nous regardons les jurés. Et lorsque nous prenons la parole, nous nous adressons à eux en regardant chacun.

Il peut m'arriver aussi d'en interpeller certains, même si on dit que cela ne se fait pas.

C'est toujours un peu compliqué, et c'est souvent en référence à leurs expériences de vie. Mais, par exemple, si je sais que j'ai telle ou telle profession dans les jurés et que l'on fait état au cours des débats de tel ou tel fait en lien avec cette profession, il peut m'arriver d'interpeller le jury en disant par exemple :

— Parmi vous se trouve un interne en médecine et on sait très bien que ces soignants sont confrontés à telle ou telle difficulté ou aspect du métier, comme il pourra vous le confirmer.

En revanche, on ne peut pas échanger. Mais on peut les interpeller.

Juges et jurés

Pendant le procès, nous sommes également très sensibles et attentifs à ce que font les jurés. Les moments où ils prennent des notes. Ceux où on a l'impression qu'ils décrochent. Ou, au contraire, là où il semble qu'ils adhèrent. Ce sont des juges ! On les regarde en permanence car c'est eux qu'il faut convaincre. Là où les magistrats du siège, le président et ses assesseurs, sont des professionnels et écoutent avec l'oreille du juge. Ce ne sont pas ceux qu'il s'agit de convaincre le plus.

Et le pire peut-être pour les avocats de la défense est d'être confronté à des jurés qui ne prennent pas de notes. Là on se dit :

— Qu'est-ce qu'il se passe ? Qu'est-ce qu'ils vont comprendre ? Et retenir ?

Tout est possible dans un jury de Cour d'assises

Et puis attention, dans les jurés, on va avoir des gens bien mais aussi des gens pas bien du tout. Tout est possible dans un jury de Cour d'assises. On n'a pas forcément six personnes (ou neuf en appel) formidables et bien sous tous rapports qui prêtent serment comme jurés.

Nous avons d'ailleurs eu le cas d'un juré qui avait siégé dans une affaire de pédophilie et qui s'est retrouvé peu après jugé lui-même pour le même type de faits. Et condamné à douze ans. Alors que quelques mois auparavant il avait donc jugé un autre homme pour des incriminations similaires. Quand on y pense, c'est abyssal et terrifiant.

J'ai par ailleurs fait récuser des jurés de Cours d'assises pour manifestation d'opinions. Et ceci à deux reprises.

La première fois dans un dossier où, avec une consœur, Me Myriam Kabbouri, nous avions à défendre deux personnes accusées d'avoir exercé des violences avec actes de torture et de barbarie plus viol sur la partie civile. Or, chaque fois qu'un des deux accusés s'exprimait, l'un des jurés levait les yeux au ciel et soufflait.

Une fois. Deux fois. Trois fois.

Lorsque ma consœur et moi prenions la parole pour la défense, il réagissait pareil. Donc, à un moment, j'ai prévenu ma consœur en lui disant :

— Ça ne peut plus durer. La prochaine fois qu'il fait son petit cinéma, je fais un incident.

Et vlan. Ça n'a bien évidemment pas manqué. La fois suivante où je me suis levé pour prendre la parole, il a ostensiblement soupiré. De sorte que je suis intervenu pour le relever en disant :

— Monsieur le Président, je viens de constater une manifestation d'opinion. Systématiquement, lorsque la défense intervient, Monsieur le juré numéro 4 lève les yeux au ciel et soupire pour manifester son agacement. Je vous demanderai de bien vouloir le récuser.

Le président a alors demandé leur avis aux autres parties. Si l'avocat général n'avait étonnamment rien vu, ma consœur a corroboré mes dires. De même que mon confrère de la partie civile qui a confirmé l'attitude problématique du juré en question.

Le président a ainsi récusé le juré numéro 4 et l'un des jurés suppléants a pris sa place.

C'est très exceptionnel. Mais certaines personnes n'ont pas de limite. En l'occurrence, ce fameux juré numéro 4 était en représentation. Au point que son épouse suivait le procès dans la salle, autrement dit ses « exploits ». Bref, cet individu avait manifestement un problème narcissique.

Et on ne peut pas laisser passer cela.

Manifestations d'opinion versus manifestation d'émotion

Il arrive aussi qu'en voyant des manifestations d'opinions, nous ne réagissions pas. Dans le procès Zepeda, ce jeune Chilien jugé en 2022 à Besançon pour l'assassinat de son ex-petite amie japonaise, Narumi, venue étudier en Franche-Comté et dont le corps n'a pas – à l'heure où sont écrites ces lignes – été retrouvé, on a vu des jurés s'effondrer après le témoignage de la mère de la disparue, Narumi. Mais c'était absolument naturel vu l'intensité du témoignage. Ils se sont normalement effondrés, mais pas plus que moi qui étais partie civile, Me Jacqueline Laffont à la défense, l'avocat général et tout le monde dans le public.

C'est humain, on n'est pas des machines. Moi, des jurés qui pleurent ou s'essuient les yeux après une déposition comme celle-ci, que voulez-vous ? C'est au contraire s'ils n'étaient pas bouleversés qu'il y aurait un problème !

D'une manière plus générale, nous sommes dans des affaires criminelles, il y a de l'émotion, de sorte que certaines manifestations d'opinions sont acceptables, dans la mesure où il s'agit davantage de manifestations d'émotions.

Avocat de la partie civile, à titre exceptionnel

Il m'arrive en effet, à titre exceptionnel, de plaider du côté de la partie civile, et non de la défense. Cela a ainsi été le cas donc été le cas dans cette affaire Zepeda.

C'est Me Sylvie Galley, qui est une amie, que je connais depuis la faculté de droit et avec qui j'ai fait l'école d'Avocat à Dijon, qui m'a contacté pour intervenir avec elle dans ce procès hors normes aux soutiens des intérêts du dernier petit ami de Narumi, Arthur.

Je ne suis quasiment jamais partie civile, je n'aime pas cela, ce n'est pas mon métier. Mais je dois dire que cette affaire m'a particulièrement intéressé, comme une sorte d'effet miroir. Je me suis en effet retrouvé contre moi-même, ou presque.

La position de l'accusé qui nie les faits, l'absence de corps… Autant de difficultés qui rendent ce procès aléatoire et donc attractif pour l'avocat que je suis. Faire équipe avec Me Galley, avocate de talent, que je respecte et qui fut l'une des rares à me soutenir durant toute l'affaire Daval, était aussi un exercice intéressant.

Combiner nos deux styles profondément différents ne pouvait qu'être un exercice pertinent, mais surtout efficace pour servir l'accusation. Cela fut le cas. La place de la partie civile durant le procès est, dans ce type d'affaire, une position de soutien de l'accusation. Laquelle accusation était en l'occurrence assurée par l'avocat général Étienne Manteaux, le procureur de la République qui m'avait renvoyé en correctionnel dans l'affaire Daval pour la photo d'Happy, le chat, et pour laquelle j'ai été relaxé devant le tribunal correctionnel de Strasbourg.

Travailler avec un adversaire ! Cela peut paraître étonnant. Mais là aussi, c'est ma culture des arts martiaux qui imprègne mes comportements. Pour moi, un adversaire n'est jamais un ennemi. Il vaut d'ailleurs mieux un bon adversaire qu'un mauvais ami. Et le procureur Étienne Manteaux s'avère un excellent adversaire. Procureur impliqué dans ses dossiers, il est aussi un excellent contradicteur à l'audience.

Travailler ensemble tous les trois lors de ce procès Zepeda va se révéler non seulement efficace mais aussi presque naturel, chacun respectant la place et les interventions de l'autre avec des objectifs clairs : démontrer la mort de Narumi ; démontrer l'existence d'un geste criminel à l'origine de sa mort ; démontrer l'implication exclusive et certaine de Nicolas Zepeda dans les faits.

En face, nous avions Me Jacqueline Laffont et sa collaboratrice. L'avocate de Nicolas Sarkozy, entre autres. Excellente défenseur. Peu importe, je n'ai jamais craint un adversaire, y compris à mes tout débuts. Le combat entre la défense et l'accusation sera un combat de grande qualité, respectueux mais aussi très dur, sans aucune concession de part et d'autre.

Et puis, il y a la rencontre avec les parties civiles, la mère de Narumi, sa sœur, Arthur son dernier petit ami. Je n'avais jamais été autant touché par des parties civiles. Un véritable choc culturel. La mère de Narumi s'excuse pour le dérangement occasionné par cette affaire. Remercie la justice pour son travail. La Cour d'assises de l'écouter. Une souffrance morale indescriptible mais qui se ressent et qui glace le sang de tous jusqu'aux avocats de la défense. En face de moi, Me Jacqueline Laffont est affectée, cela se voit. La sœur livre un témoignage terrible. La Cour d'assises est submergée par l'émotion, nous aussi.

Gérer un procès aussi long, avec un accusé qui conteste tout, avec une accusation à construire en partenariat avec l'avocat général, témoin après témoin, contre interrogatoire après contre interrogatoire, expert après expert… tout cela revient véritablement à construire minute par minute un édifice d'indices pour permettre à la Cour d'assises de répondre aux trois questions cruciales de ce procès. Nous l'avons fait, grâce à un travail d'équipe de qualité. Même si tout est à refaire en appel (prévu devant la Cour d'assises de Haute-Saône en 2023).

Mais qu'on soit partie civile, avocat général ou avocat de la défense, les enjeux dans ce type d'affaire sont lourds, la tension est énorme et doit aussi se gérer avec la présence des médias notamment japonais et chiliens.

Un exercice hors norme certes, pour une affaire qui ne l'est pas moins. Mais à mon sens la seule façon de gérer cet aspect hors norme est en fait d'aborder ce type de procès, appelés grand procès d'assises, comme des procès ordinaires. Ce qu'ils sont au fond des choses.

Voilà donc tout le travail qui a été réalisé en première instance et qui devra être fait de nouveau en appel. Tant rien n'est vraiment jamais acquis dans notre profession.

On ne sait jamais ce que pense un juré

Lors d'un procès d'assises, on peut très bien avoir l'impression qu'un juré est très favorable à tel ou tel de nos arguments alors qu'il ne l'est pas vraiment voire pas du tout... Certains vont hocher la tête en signe d'acquiescement non parce qu'ils sont d'accord mais parce qu'ils sont gênés qu'on les regarde. Bref, ne peut jamais savoir ce que pense un juré. On est toujours dans l'a priori et le préjugé.

Et, comme le jury est un groupe, il s'agit donc de s'adresser à ce groupe. Et il ne faudrait pas penser que l'on a une relation privilégiée avec tel ou tel juré, ou a contrario de défiance avec tel ou tel autre.

Confidences

En revanche, il m'est arrivé de déjeuner avec des jurés de Cour d'assises après certaines sessions. Et c'est passionnant !

Parce que, même s'ils doivent conserver le secret du délibéré jusqu'après le prononcé du verdict, on ne peut pas les empêcher d'avoir envie, voire besoin de parler.

J'ai ainsi été contacté par une jurée de Cour d'assises qui souhaitait me parler après un acquittement et qui m'a dit des choses passionnantes, et très éclairantes sur le mode de fonctionnement de la réflexion du groupe que constituent les jurés sans pour autant violer le secret du délibéré.

Il s'agissait d'une personne très intelligente et ses explications, remarques et réflexions, m'ont servi par la suite.

S'agissant du dossier en question, que j'avais plaidé avec mon confrère Me Samuel Estève, j'ai aussi réalisé que l'on ne s'était pas trompé car on avait senti cette jurée très impliquée, active et quand elle m'a reparlé du procès, il s'est effectivement avéré qu'elle faisait partie des jurés qui se creusent le cerveau et prennent très à cœur leur rôle de juré. Elle m'a aussi confirmé qu'à l'inverse, un autre juré n'avait pas fait grand-chose à part draguer sa voisine et n'avait strictement rien suivi du procès... Mais cela aussi, nous l'avions remarqué et là non plus, nous ne nous étions pas trompés.

Un enquêteur sur le gril

Lors d'un procès, les enquêteurs sont les premiers à déposer. Le policier ou le gendarme qui se présente à la barre est là pour retracer son enquête. Laquelle a abouti au renvoi devant une Cour d'assises de la personne qui est accusée.

Il ne faut donc pas attendre qu'ils viennent dire :

— Bonjour, notre enquête est mauvaise, il y a plein de trous dans la raquette, je suis désolé, faites ce que vous pouvez avec le travail médiocre que nous avons fait.

Non. Voilà donc un premier postulat.

De même que, si l'avocat de la défense qui va l'interroger souhaite des réponses concernant la qualité de l'enquête et ce qui n'a peut-être pas été assez creusé, il n'y arrivera pas.

Je me souviens par exemple d'un enquêteur de la section de recherches de Lyon venu déposer en appel dans l'affaire Schrutt, un dossier où l'accusé avait été condamné en première instance à 18 ans par la Cour d'assises de la Haute-Marne.

Notre client était accusé d'avoir tué sa belle-mère or, sur les trois ans qu'a durée l'instruction, pendant dix-huit mois, les enquêteurs s'étaient concentrés sur l'ex-mari de la victime.

Il s'agissait d'un jeune Tunisien, venu en France avec cette femme qui avait alors plus de cinquante ans. Il s'était marié avec elle et avait hérité d'elle suite à son décès. Il s'était installé en France, était devenu cuisinier, avait hérité aussi de la maison qu'ils avaient achetée ensemble pendant leur union à Djerba, etc.

La première idée des enquêteurs avait donc été que l'ex-mari, qui avait tout à gagner à ce décès, avait pu commanditer l'assassinat de son épouse. Leur hypothèse étant qu'il ait très bien pu faire venir un tueur à gages de Tunisie.

Mais au bout de dix-huit mois, on s'aperçoit que le gendre de la défunte – notre client – avait une aventure avec la sœur de sa femme, autrement dit l'autre fille de la victime. Pour les enquêteurs, il devient alors évident que c'est lui le coupable. Leur thèse étant devenue que la mère était au courant de cette relation et s'apprêtait à en faire la révélation à un repas de famille…

Une théorie renforcée par le fait qu'il s'est avéré que le gendre, Sylvain Schrutt, était le dernier individu identifié à avoir été en sa présence parce qu'il était venu chez elle le jour même du décès. À ceci s'ajoutait le fait qu'on l'avait vu dix ans auparavant avec une arme…

Bref, il était sur place. Il a payé l'autoroute en espèces alors qu'il avait un pass autoroutier qu'il a laissé chez lui. Qui plus est, il entré dans la maison de la victime le jour J, il a marché dans le sang de cette dernière, est reparti et n'a ensuite rien dit à personne.

À telle enseigne que le lendemain, lorsque sa femme l'appelle en lui disant :

— C'est affreux on vient de découvrir ma mère morte, elle a été tuée.

Lui fait le stupéfait… Il se rendra même à l'enterrement. Puis cachera pendant dix-huit mois le fait qu'il est allé chez la victime et l'a vue morte…

Notre idée à nous, avocats de la défense, je plaidais avec Me Chloé Bonnat de Dijon, n'était pas de remettre en cause l'enquête – qui par ailleurs était très carrée – mais de dire :

— Ce n'est pas si simple que cela.

D'autant que le treizième volume du dossier était manquant. Celui-là même qui concernait la Tunisie et la piste de l'ex-mari.

Nous le faisons donc remarquer à l'enquêteur en soulignant :

— Attendez Monsieur l'enquêteur, vous ne nous parlez pas des dix-huit mois d'investigation sur l'ex-mari.

Il nous répond :

— Sur l'ex-mari ? Mais nous avons fait toutes les investigations possibles et imaginables. Il ne peut absolument pas être impliqué dans la mort de son épouse.

— Ah bon ? Mais vous n'avez pourtant pas mené à leur terme les investigations en Tunisie. Vous n'avez en effet pas pu boucler ce volume et donc cette piste, car vos demandes sont tombées en plein printemps arabe et vous n'avez pas pu réaliser vos investigations. La commission rogatoire internationale en Tunisie est restée lettre morte.

Et lui de rétorquer :

— Certes, mais c'est anecdotique. De toute façon, qu'est-ce qu'on aurait trouvé en Tunisie ? Quand bien même on aurait eu un tueur à gage dans un avion pour la France, cela n'aurait rien prouvé. Rien n'aurait pu nous faire dire que c'était lié à ce dossier… Nous avions réalisé tous les bornages, etc.

— Certes. Mais je vais tout de même vous poser une question : « Est-ce que quelqu'un d'autre que Sylvain Schrutt avait un intérêt à tuer cette femme ? ». Parce que le mobile que vous imputez à l'accusé est que vous imaginez qu'elle était au courant de sa relation avec sa belle-sœur, qu'elle s'apprêtait à tout révéler à la famille, que cela allait créer un cataclysme et détruire le couple de Monsieur Schrutt. Pourquoi pas… Mais est-ce que quelqu'un d'autre avait intérêt à la mort de cette femme ?

Il me regarde alors et affirme :

— Non.

Et bien sûr le travail du contre interrogatoire est là. Je lui fais alors remarquer :

— Monsieur l'enquêteur, sérieusement… Je vais vous reposer la question : « Quelqu'un d'autre avait-il un intérêt à tuer cette femme ? Est-ce que quelqu'un d'autre pouvait en tirer un profit quelconque ? »

Il persiste :

— Non.

Je développe alors mon propos :

— Ah bon ? On va reprendre. Le mari, Tunisien, arrivé en France à vingt-cinq ans sans rien, depuis qu'elle est morte, où il en est ?

Il répond :

— Oui, bon, il a hérité de la maison… D'une BMW…

Je le reprends alors :

— Pas seulement ! Vous n'êtes pas sans savoir qu'au moment du décès de Madame, ils étaient en procédure de divorce. Sa mort a mis un terme à cette procédure. De sorte qu'en Tunisie, il est l'héritier universel de tous les biens du couple, dont une maison à

Djerba, une oliveraie, un puits, les voitures sur place et tout le reste. Ce n'est pas rien… En réalité, il a hérité de 500 000 euros ! Pour un jeune Tunisien qui n'avait absolument rien quatre ans auparavant, vous ne trouvez pas que cela peut constituer ce qui s'appelle un intérêt ? Et les messages !

— Quels messages ?

— Mais les menaces de mort qu'il avait laissées sur le répondeur de la victime, Monsieur l'enquêteur !

— …

Je me tourne alors vers la présidente en lui demandant :

— Madame le Président, nous pourrons écouter les messages ?

— Bien sûr Maître, nous diffuserons les messages, ils sont sous scellés.

Voilà.

L'erreur de l'enquêteur était là. Médaillé, très sûr de lui, il était venu témoigner en sachant qu'il y avait un os dans son dossier.

Soit il vient en reconnaissant : « Je suis conscient qu'il y a un problème, je suis d'accord, mais nous avons travaillé. Maintenant, il y avait deux pistes et voilà pourquoi nous avons privilégié celle-ci. » Et il rappelle les éléments dans le dossier qui sont à charge pour l'accusé.

Soit, comme cela a été le cas, il est venu pour faire valider son enquête coûte que coûte. Et du coup, il en a trop fait. Et c'est là que cela devient intéressant pour la défense.

La preuve : au terme des débats, Sylvain Schrutt a été acquitté.

Mais il est vrai que nous avions aussi bénéficié du témoignage de l'un des amis de la victime, par ailleurs amoureux transi dont elle n'avait jamais voulu comme amant. Lequel ami et non amant était donc venu expliquer que, constatant qu'elle multipliait les aventures à partir de sites de rencontre, il l'avait mise en garde :

— Attention, tu te mets en danger. Tu as des rencards avec des types sans savoir qui ils sont.

Il avait également souligné à la barre :

— Elle prenait tous les risques et m'avait d'ailleurs parlé d'un rendez-vous peu avant d'être retrouvée morte.

Voilà qui nous faisait une autre piste alternative. En plus de celle du mari sur laquelle l'enquêteur n'avait pas bien refermé la porte, même s'il se refusait à l'admettre.

Ubuesque

Cela étant, il y a des enquêteurs très honnêtes. Je me rappelle ainsi une enquêtrice dans l'affaire Branco, ce jeune homme accusé de viol mentionné précédemment, qui s'est levé en disant : « Je suis fatigué et maintenant je m'assois ».

Cette enquêtrice n'avait pas déposé au premier procès et témoignait donc pour la première fois en appel.

Il s'agissait d'analyser la position du viol : contre un mur, en pleine journée, à Lons-le-Saunier sous les arcades. Qui plus est avec une plaignante qui présentait une obésité certaine et un accusé qui faisait un mètre soixante-cinq et cinquante kilos et qui l'aurait soulevée contre le mur pour abuser d'elle dans une ruelle de Lons-le-Saunier… le tout en précisant qu'elle avait été violée à onze heures treize précisément puisqu'elle avait regardé l'heure au début du viol.

Bref, non seulement la situation nous paraissait scabreuse mais particulièrement douteuse.

Je pose donc la question à l'enquêtrice, que je sentais étonnamment amusée :

— Ces accusations, Madame l'enquêtrice, vous en pensez quoi ?

Elle énonce alors :

— Moi franchement, en tant que femme et enquêtrice, je n'y crois pas.

Une telle franchise est rarissime. Et cela s'est terminé par un acquittement.

Mais il est vrai que les faits allégués par la partie civile étaient ubuesques. Quant au fait que cette accusation ait pu prospérer au point d'arriver en Cour d'assises… Cela tient essentiellement à ce que l'accusé était en récidive.

Un moment d'anthologie

Dans ce même dossier, nous avons aussi eu un moment d'anthologie avec le témoignage de la meilleure amie de la partie civile.

La voici à la barre. Elle vient de terminer sa déposition. Son propos a été laconique. Elle n'a quasiment pas parlé. A répondu aux questions du président par des « oui », des « non » et des onomatopées. On la sent bloquée.

C'est alors que l'avocat général la regarde et lui lance :

— Mademoiselle, vous avez peur ?

— Oui Monsieur l'avocat général, j'ai peur…

Je regarde alors mon partenaire de la défense et je lui glisse à l'oreille :

— Attends, ce n'est pas possible, il y a un loup là.

Je me lève et demande à la témoin :

— Vous avez peur, certes. Mais vous avez peur de qui ?

Elle me regarde et répond, en désignant la partie civile :

— J'ai peur… d'elle…

Énorme !

C'est cela le contre-interrogatoire. Ça peut passer – comme ici – mais cela peut très bien ne pas passer du tout. Et il faut l'accepter.

Parfois, c'est tout l'inverse. Et il arrive même que l'on ait de mauvaises surprises.

Vingt-trois acquittements, mais aussi quelque quatre-vingt-dix condamnations

Car nous avons tendance à mettre en avant nos meilleurs résultats. Mais s'il est vrai que j'ai déjà obtenu vingt-trois acquittements, je n'oublie pas que j'ai aussi eu quelque quatre-vingt-dix condamnations. Dans des dossiers où l'accusé se disait parfois coupable mais aussi à l'inverse dans des affaires où j'ai plaidé l'acquittement car il se disait innocent et où une condamnation a tout de même été prononcée.

Parfois d'ailleurs, on est condamné en première instance puis acquitté en appel. Et d'autres fois à l'inverse, on est acquitté en première instante et condamné en appel. Et là c'est très difficile à vivre.

Nous sommes dans une matière où l'on ne sait jamais ce qu'il va se passer. Et où perdre fait partie du quotidien.

Une personnalité déroutante

Dans l'affaire Schrutt précitée, nous avions interrogé son épouse de l'époque, dont il avait divorcé depuis, et avec la sœur de laquelle il avait donc entretenu une relation adultère, ce qui aux yeux des enquêteurs pouvait constituer un mobile pour qu'il ait tué leur mère.

Connaissant bien l'accusé et sa personnalité déroutante à bien des égards, je questionne son ex-épouse en reprenant les différents éléments, certes troublants, voire déroutants et paraissant à bien des égards incohérents.

À commencer par le fait qu'il ait tu avoir été sur place, avoir vu la défunte baignant dans son sang et être reparti sans avoir prévenu les pompiers, les gendarmes, ni même en avoir informé son épouse, fille de la victime…

Mais avoir tu, n'est pas avoir tué.

Je demande donc à l'ex-femme de l'accusé :

— Est-ce que son comportement de ce soir-là vous étonne ?

Et elle me répond alors :

— Pas du tout. C'est exactement lui.

— Cela ne vous surprend pas ?

— Non, non. Il a toujours eu un côté irrationnel dans son comportement.

Voilà qui permet de comprendre beaucoup mieux le comportement de l'accusé sous un autre angle que celui des enquêteurs et de la juge d'instruction qui analysaient son comportement exclusivement comme un aveu tacite au motif que ce n'était pas un comportement normal. C'est vrai, sauf que l'accusé était très singulier.

Paroles d'experts

Les experts qui ne sont pas ou rarement attaqués en Cour d'assises sont les experts prudents. C'est une règle d'or : ils doivent être nuancés.

Ceux qui sont capables d'exposer le résultat de leurs travaux, tout en précisant qu'il ne s'agit que de leur avis d'expert et qu'il faut rester prudent quant aux conclusions à en tirer, sont ceux qui s'en sortiront le mieux.

À l'inverse, les experts qui se mettent en danger sont ceux qui sont très péremptoires, qui assènent des vérités. Car à partir de là, ils peuvent se retrouver assez facilement déstabilisés.

L'exemple type, je l'ai eu encore en juillet dernier aux assises. Avec un expert psychiatre qui affirmait que l'accusé qu'il avait expertisé n'était pas sincère avec lui dans ses déclarations et qu'il était « manipulateur ». C'est ce qu'il avait noté noir sur blanc dans le corps de son expertise.

La question la plus habituelle que l'on pose d'emblée à un expert – et qui est la plus délicate – c'est :

— Pourquoi avez-vous fait cette déclaration ?

L'expert est alors obligé d'expliquer et de motiver ses affirmations.

En l'occurrence, cet expert psychiatre me dit :

— J'ai considéré qu'il était insincère et manipulateur parce qu'il m'a caché qu'il consommait du cannabis. Or, il a le profil à en consommer.

Première nouvelle ! D'autant que le cannabis était totalement absent de la biographie et de l'historique judiciaire de mon client.

Ce que je fais remarquer à l'expert.

Gros blanc. L'expert est ennuyé. Et reconnaît qu'il s'est peut-être un petit peu trompé. Mais en réalité, il ne s'est pas « trompé » comme il le prétend. Il a commis un authentique délit de faciès en considérant que la personne qu'il avait à expertiser était naturellement un consommateur de stupéfiants. Or, cela n'était pas du tout le cas.

En conséquence, sa conclusion quant à l'absence de sincérité de l'accusé était complètement remise en cause par ce diagnostic totalement péremptoire.

Car lorsqu'un expert a un a priori ou un préjugé, la qualité de son expertise s'en trouve forcément altérée et amoindrie dans ses conclusions.

Crédibilité n'est pas véracité

Il en va de même quand les experts sont amenés à se prononcer sur la crédibilité des dires de telle ou telle partie, qu'il s'agisse d'un accusé ou d'une partie civile.

Nous sommes dans une époque où le mot « crédibilité » a pris tout son sens, notamment avec la vague Me Too. On l'a encore vu récemment dans certains procès où l'on est confronté à une doxa qui considère que lorsqu'une femme accuse, il faut la croire. Car lorsqu'une femme accuse, c'est forcément vrai. Sinon, elle n'accuserait pas…

Sauf que la difficulté est que l'on va poser cette question aux experts, car elle fait effectivement partie de leur mission :

— Que pouvez-vous dire sur la crédibilité des déclarations de la victime ?

Parce qu'en l'occurrence, on parle bien souvent, même avant jugement, de victime. Alors que l'on devrait dans ces circonstances parler de plaignantes ou de parties civiles, voire de victimes présumées, mais pas plus.

Je fais partie de ce courant d'avocats qui considèrent qu'une parole qui constitue une accusation n'est pas une preuve. Et qu'il faut plus qu'une parole pour asseoir la culpabilité d'une personne. Faute de quoi, c'est une véritable dictature judiciaire qui s'installe : si la parole devient la preuve, c'est totalement totalitaire comme procédé probatoire.

Or, certains experts participent de cela.

J'ai ainsi eu le cas dans un dossier où lorsque je pose la question suivante à l'experte :

— Que pensez-vous de la crédibilité des déclarations de la partie civile ?

Elle me répond :

— Je trouve qu'elle est crédible.

— Pourquoi ?

— Parce qu'elle a répété à plusieurs reprises les mêmes accusations, ce qui démontre une certaine crédibilité. De plus, je n'ai pas décelé de mensonge ou d'affabulation, elle n'est pas mythomane… Donc ses déclarations sont crédibles.

— Certes. Mais est-ce que, pour autant, ce qu'elle dit dans ses accusations peut être faux ? Voire mensonger ?

Elle me regarde et répond :

— Non. À partir du moment où je considère qu'elle est crédible, pour moi ce qu'elle dit est vrai.

Je m'étonne et lui fais remarquer :

— Attendez, la crédibilité, ce n'est pas la véracité. Vous pouvez la croire, mais rien ne vous permet d'affirmer que ce qu'elle avance est vrai. Ce n'est pas parce qu'un mensonge est répété dix fois qu'il devient une vérité !

Et j'enchaîne en lui demandant par quels moyens elle en arrive à la conclusion que cette jeune femme « dit la vérité », et non pas « est crédible », car ce n'est pas la même chose.

Sachant que la commission d'Outreau avait préconisé, dans sa grande sagesse, de ne plus poser la question de la crédibilité pour la partie civile. Question qui n'est d'ailleurs pas posée concernant l'accusé. On imagine très bien ce que l'on penserait de la question posée aux experts si elle était la suivante : « L'accusé est-il crédible quand il dit qu'il est innocent ? »

On touche ainsi du doigt l'absurdité de certaines discussions (probatoires) aux assises.

Et indice n'est pas preuve

C'est comme la différence entre un indice et une preuve. Ce sont deux choses différentes : on peut avoir un indice contre quelqu'un et au final n'avoir aucune preuve contre lui. Idem pour la crédibilité : quelqu'un peut être crédible sans pour autant dire la vérité.

Cette experte me répond alors :

— Je lui ai fait le test du Rorschach (test projectif) et, grâce aux réponses que j'ai obtenues à ce test, je peux affirmer qu'elle dit la vérité.

Je l'arrête :

— Attendez, Madame. Vous partez du principe qu'à partir du test projectif du professeur Rorschach, vous parvenez à savoir quand quelqu'un ment ou dit la vérité ?

— Oui.

Or c'est impossible. C'est une aberration.

J'embraye :

— Est-ce que vous pouvez vous tromper ?

— Non. À partir du moment où le test est réussi, je sais qu'elle dit la vérité. Il n'y a aucune marge d'erreur.

Je lui rappelle – tout en l'expliquant aux jurés – que le test élaboré par le Pr Rorschach au début du XXe siècle a consisté à faire de grosses taches d'encre sur des feuilles, à plier en deux ces feuilles et à nous expliquer ce qu'on doit penser de la personne en fonction de ce qu'elle pense voir dans ces taches.

Sachant que j'ai moi-même les planches du test en question ainsi que les interprétations qui en sont faites et qui laissent passablement rêveur.

C'est un test à mon sens dangereux, d'ailleurs déconseillé dans certains pays car considéré comme beaucoup trop interprétatif.

Inébranlable, elle me rétorque :

— Mon test est infaillible, je ne peux absolument pas me tromper.

Je remonte alors au créneau :

— Mettons un instant de côté ce test. Je vais vous poser une question plus générale. Est-ce que cette jeune femme peut mentir ?

— Non.

Comment peut-on répondre une telle chose ? Je n'en reviens pas de l'absurdité de sa réponse. Bien sûr que tout le monde peut mentir ! C'est inhérent à l'être humain. Je pousse mon interrogatoire jusqu'à l'absurde :

— C'est donc le seul être humain incapable de mensonge ?

Et là elle me regarde et on bascule alors dans une sorte de déraison quand elle me lance :

— Oui, je pense.

Bref. Il n'y a pas à aller plus loin dans le contre interrogatoire de cette experte tant elle est outrancière dans ses affirmations. Lesquelles reposent tellement sur des éléments subjectifs que l'on se retrouve avec une expertise dont les jurés ne pourront rien faire.

Les apprentis sorciers

L'expert intéressant est donc celui qui, prudent, va dire :

— Moi, je considère que son discours est crédible. Est-ce que c'est vrai ou pas vrai ? Cela ne relève pas de ma mission. Ce n'est pas à moi de répondre à cette question mais au jury.

Or, on a parfois des experts qui veulent énoncer quelle est leur vérité alors qu'on ne le leur demande pas, puisque seule la Cour d'assises peut le faire.

Et c'est là qu'il y a un véritable danger aujourd'hui.

Sachant que nous avons aussi des experts privés qui interviennent devant les Cours d'assises. Par exemple les psychologues qui suivent les parties civiles dans le cadre de leur thérapie (en plus des experts psychologues qui les auront expertisés dans le cadre de l'affaire jugée).

Nous avons eu le cas dans l'affaire précitée d'un soignant accusé de viol à Besançon, où la psychologue soignante de la partie civile est venue témoigner en faveur de celle-ci en expliquant qu'il fallait absolument la croire. Qu'elle considérait elle-même que le soignant accusé était « un pervers narcissique » extrêmement dangereux, que sa cliente était « sous emprise »… Toutes ces notions magiques qui font qu'aujourd'hui une femme subit tout et ne peut rien décider. Et que, lorsqu'elle a des rapports sexuels, ils sont obligatoirement imposés, nécessairement contraints.

Autrement dit, on a l'impression que pour certaines personnes, toute relation sexuelle serait une sorte de « viol consenti ». Sachant que la femme étant femme, elle ne peut pas sortir de l'emprise d'un homme, tant la gent masculine, cette engeance, est diabolique.

Donc, cette psychologue est venue à la barre en affirmant qu'il fallait croire sa patiente.

Le hic, c'est que dans ce procès, il s'est avéré que ce que disait cette dernière (notamment sur le fait qu'elle avait développé une phobie des hommes, que c'était son ancien amant qui la harcelait, qu'elle ne l'avait plus jamais revu, etc.) et bien, tout cela était faux.

Et non seulement faux, mais absolument contraire à la vérité, puisqu'elle s'était retrouvée à plusieurs reprises seule avec lui après les faits incriminés alors qu'elle affirmait que non (elle prétendra à la barre qu'elle avait oublié).

Idem de l'allégation selon laquelle l'idée même de se retrouver seule dans une pièce avec un homme la rebutait (démentie ainsi que nous l'avons vu par les messages adressés à une amie et qu'elle avait oublié d'effacer de son portable).

Autant de preuves des limites de l'expertise et de la dangerosité de ces experts qui prétendent dire la vérité. Alors qu'ils ne peuvent en aucun cas la détenir.

Ils ne peuvent apporter qu'un éclairage, une expertise sur leur sujet. Et, partant, ne doivent pas se prononcer sur la véracité de telle ou telle déclaration ou élément. Sitôt qu'ils souhaitent aborder le sujet de la vérité, ils pénètrent en zone de danger.

Quand on a un expert par exemple qui vient dire :

— J'affirme que cette personne dit la vérité quand elle dit qu'elle a été violée.

Moi je réplique :

— Mais alors, lorsque vous affirmez que cette femme dit vrai quand elle dit avoir été violée, l'accusé est forcément coupable !

Cela m'est arrivé dans un dossier et l'experte m'a alors répondu :

— Non, je n'ai pas dit cela. Je ne me permettrais pas de dire si l'accusé est coupable ou non. Ce n'est pas mon travail.

— Mais bien sûr que si vous le faites ! En affirmant qu'elle dit la vérité, c'est pourtant exactement ce que vous venez de dire !

Alors qu'elle aurait dû se limiter à son rôle d'expert et indiquer que cette jeune femme lui paraissait crédible dans son discours. Ou présentait des signes tendant à penser qu'elle avait été victime des faits qu'elle décrivait.

Sachant que là aussi il s'agit d'être très vigilant. Car les symptômes psycho-traumatiques ou post-traumatiques sont devenus une tarte à la crème dont tout le monde a la recette sur internet. Et les experts ne sont pas des détecteurs de mensonges.

Quand on est uniquement sur du déclaratif, il suffit de dire au psychologue que l'on ne dort plus, qu'on a des flashs où l'on revit la scène, qu'on prend plusieurs douches dans la journée, qu'on a la hantise de croiser la personne contre laquelle on a déposé plainte, qu'on a peur dès qu'il y a du monde... Et on tombe en plein dans le syndrome post-traumatique. Si on peut y ajouter des larmes, alors...

Mais à jouer aux apprentis sorciers et vouloir absolument trouver des preuves là où il n'y en pas, on en crée. Or, ces créations ne sont pas des preuves mais des interprétations qui reposent sur des éléments d'une très grande fragilité et qui partent d'un postulat dangereux sur le plan judiciaire : la bonne foi. Comme si, dès que quelqu'un était plaignant, il était ipso facto de bonne foi.

Ne pas se limiter aux apparences

Le travail des juges doit être un travail critique, un travail d'analyse et en aucun cas un travail qui se limite aux apparences.

Mais on sent qu'un certain poids socio-moral pèse sur les Cours d'assises et les tribunaux correctionnels où certains considèrent que remettre en cause la parole d'une plaignante est déjà en soi un acte violent. Et que ne pas prononcer de peine suite à une plainte déposée par une plaignante nécessite des explications voire justifie presque des excuses.

Alors que le principe juridique directeur du procès pénal est le suivant : le doute profite à l'accusé ou au prévenu. Et on n'a pas à s'excuser lorsqu'on acquitte ou relaxe une personne mise en cause parce qu'il n'y a pas assez de preuves contre elle.

La justice n'est pas là que pour condamner

Nous sommes aussi dans une société où les dossiers d'agressions sexuelles ou de viols montés contre des personnes qui ont une certaine notoriété font florès. Ils sont alors cloués au pilori médiatique sans autre forme de procès comme pour Richard Berry, Patrick Poivre d'Arvor, Nicolas Hulot, Jean-Jacques Bourdin et encore bien d'autres.

La triste fin de Damien Abad au gouvernement est ainsi à mon sens un scandale absolu. On a des associations féministes, certains politiques et certains médias, qui se conduisent comme de véritables despotes. Des tyrans qui exigent et imposent la démission ou le limogeage d'un homme qui ne faisait pas l'objet de plaintes jusqu'à sa nomination à un poste à responsabilités. Et ceci sans autre forme de procès, sur la simple base d'accusations ou de plaintes. Mais cela n'a rien à voir avec des preuves.

Et d'abord, au nom de quoi viole-t-on le principe de présomption d'innocence en considérant comme présumés coupables toutes ces personnes accusées de viols ou d'agressions sexuelles ? Parce que la parole d'une ou de plusieurs femmes qui accusent est ipso facto la vérité ? Et celle de l'homme qui conteste un mensonge ?

Tous ces donneurs de leçons, qui exigent que l'on respecte la loi et que la justice fasse son travail, oublient que la justice n'est pas là que pour condamner. Sans compter qu'il n'y a rien à exiger du tout si on respecte les règles de droit de notre démocratie !

Mais ces accusations trouvent un écho et atteignent parfois leur but sans même que la justice ait pu dire un mot. C'est glaçant.

On se retrouve à la merci de n'importe qui : parmi les plaignantes, il peut y en avoir de sincères mais aussi qui mentent. Certaines qui, pour des raisons de vengeance ou, plus médiocres encore, déposent des plaintes sans fondement… La justice n'a pas le temps de faire son travail, l'opinion publique juge assez peu en réalité car cela au fond ne l'intéresse que très moyennement, mais l'agitation de quelques lobbys éco-féministes ou agitateurs politiques devient un outil pour se débarrasser d'opposants.

S'agissant du cas de Damien Abad, je ne sais pas s'il est coupable ou innocent, je dis seulement qu'il fallait un procès, avec du contradictoire. Et ce n'est pas parce que la cause est juste (la lutte contre les violences faites aux femmes) que tous les moyens employés sont justes.

La fin ne justifie pas les moyens et, en l'espèce, on valide des comportements moyenâgeux dignes du pilori – et la presse en la matière a de lourdes responsabilités – en martelant des accusations qui tiennent de l'exécution publique, avec des procédés dignes de l'inquisition.

L'avocate d'Osons le féminisme a rappelé cet été sur un plateau de télévision que « naturellement » Monsieur Abad était présumé innocent « mais bon, trois plaignantes : il doit partir ».

Ce n'est plus Osons le féminisme, mais « Osons tout » ! Y compris l'illégal. Puisque tout est autorisé lorsqu'on est une femme qui accuse un homme connu, y compris le non-respect d'une règle de droit fondamentale telle que la présomption d'innocence, bafouée en l'occurrence de façon systématique.

Le travail des médias n'est pas de recueillir les déclarations de plaignantes tels des enquêteurs de police judiciaire – ce qu'ils ne sont pas, comme l'édicte d'ailleurs, entre autres, leur charte déontologique. Cela relève de la compétence exclusive de la justice.

Pas plus que les médias n'ont à prononcer une pré-culpabilité en considérant que, comme il y a plusieurs plaignantes, le faisceau d'indices est suffisamment important pour pouvoir accuser publiquement telle ou telle personne.

Regardez aussi Gérald Darmanin où (en juillet 2022, à l'heure où ces lignes sont écrites) la justice a prononcé plusieurs classements sans suite et deux non-lieux. Alors que certains nous expliquent encore que ce n'est pas terminé !

On est dans l'acharnement pur et simple. Peut-être parce qu'il est de bon ton, et c'est vendeur, d'accabler un ministre en exercice. C'est là où la société dévie complètement. Et dérive dangereusement. En témoignent celles et ceux qui n'hésitent pas à désigner le ministre en question comme un agresseur sexuel, malgré les décisions judiciaires précitées.

Nous avons eu Outreau au début des années 2000, où l'on s'est aperçu que non, la vérité ne sortait pas toujours de la bouche des enfants et que sacraliser la parole de l'enfant était même extrêmement dangereux et pernicieux.

Et aujourd'hui, on est tombé dans l'hystérie de la sacralisation de la parole de La femme.

Or, pour ma part, je considère que les femmes sont des hommes comme les autres. Avec les mêmes qualités, mais aussi les mêmes défauts. Et que sacraliser leur parole, c'est ouvrir la porte à une dictature médiatico-judiciaire. Alors que finalement, bien souvent, les mis en cause sont blanchis par la justice alors qu'ils ont été traînés dans la boue, limogés, mis au ban de la société, ostracisés, licenciés, remerciés, etc.

Sans compter qu'il restera toujours quelque chose de ces accusations, même sans fondements.

Un tribunal n'est pas là pour croire mais pour savoir

J'ai suivi dans ce climat délétère, impulsé par l'influence désastreuse de Me Too, le procès de Johnny Depp. La défense de celui-ci a dès le début été intelligente dans le choix de son avocat : une femme, Camille Vasquez.

Car qui mieux qu'une femme pour oser remettre en cause la parole presque sacrée d'une autre femme, en l'occurrence Amber Heard ? Et qui mieux qu'une autre femme pour ne pas se laisser abuser par des larmes de crocodiles et des mensonges éhontés, sans subir les foudres des féministes qui brandissaient le spectre de la parole sacrée de la fausse victime ?

Comme si ne pas croire Madame Heard, c'était nier toutes les vraies victimes de violences conjugales. La justice a été rendue dans cette affaire au travers d'un verdict remarquable et qui remet un peu l'église au centre du village. Un tribunal n'est pas là pour croire la parole d'un plaignant, fut-elle une femme. Heureusement !

Malheureusement en France aujourd'hui, pour les accusateurs, on sent bien que peu importe qu'il y ait une condamnation ou pas, tant ils estiment qu'ils avaient toutes les raisons de mener leur campagne accusatrice, que ces raisons étaient bonnes et que, si c'était à refaire, ils referaient tout à l'identique. Car à leurs yeux, les accusés étaient de toute façon tous des sales types. C'est particulièrement effrayant !

Quand on fait n'importe quoi, il se passe n'importe quoi

Phénomène symptomatique dans les Cours d'assises : le cas des hommes qui ont eu un rapport sexuel avec une femme en étant alcoolisé voire très alcoolisé et/ou en ayant pris d'autres substances. Leur comportement est jugé accablant. Alors que lorsqu'une femme a eu exactement le même type de comportement, elle est considérée encore plus comme une victime.

Autrement dit pour l'homme : pile je perds, face tu gagnes…

J'ai ainsi eu à connaître de dossiers du type de celui de cette jeune femme qui, ayant consommé de l'alcool et de la cocaïne, a expliqué qu'on l'avait presque forcée – ou du moins qu'elle s'était « sentie forcée de consommer de la cocaïne » (tant il est vrai que cela ne coûte rien et que c'est toujours contraint que l'on consomme ce type de substances…).

Bref, en réalité, c'était une fêtarde invétérée, coutumière des excès – ce dont elle a tout à fait le droit si elle les assume. Mais on a considéré en Cour d'assises que le fait de son alcoolisation et de sa consommation de cocaïne l'avait mise dans un particulier état de vulnérabilité.

Or, là où l'on est dans la déraison, c'est que la loi considère que l'alcool, pour tout individu, homme ou femme, qui commettrait une infraction, constitue une circonstance aggravante.

Ainsi, des violences commises sous l'empire d'un état alcoolique sont considérées comme plus graves que des violences commises hors alcool. Ce qui implique que l'auteur soit encore plus responsable des faits.

Il en va de même pour les accidents de la circulation.

En revanche, sur le plan des rapports sexuels, cela devient, pour les femmes, un facteur de vulnérabilité. C'est assez étonnant !

L'homme qui boit est dangereux. Et la femme qui boit est vulnérable.

Il y a une vision complètement déformée des comportements.

Je pense qu'en l'occurrence, nous ne sommes plus dans une société de la responsabilité et qu'il s'agit d'y revenir.

Quand un homme se met en danger en consommant de l'alcool voire des substances illicites, il peut se retrouver dans le lit d'une femme et le regretter amèrement le matin. On prendra peu vraisemblablement sa plainte s'il estime a posteriori s'être trompé dans l'objectif de sa soirée.

Mais s'agissant d'une femme qui, en ayant commis les mêmes excès se retrouve au matin dans un lit avec un homme qui ne lui convient pas du tout, on va considérer qu'elle a été abusée. Alors que je pense que cela relève le plus souvent de la même mauvaise expérience. Et qu'effectivement, il y a une responsabilité à prendre en compte.

C'est-à-dire que, quand on fait n'importe quoi dans une soirée, il se passe n'importe quoi. C'est assez logique et cohérent pourtant.

Tout ce qui est pénible ne relève pas du pénal

Nous vivons à l'heure actuelle dans une société où l'on vient nous expliquer :

— J'ai fait n'importe quoi mais c'est pas normal, il s'est ensuite passé n'importe quoi et j'en suis victime !

Mais non ! Avec deux grammes cinquante d'alcool dans le sang, et de la cocaïne en sus comme nous l'avons eu dans un dossier, je pense qu'il n'y a là absolument rien d'étonnant. À deux grammes cinquante d'alcool, que l'on soit un homme ou une femme, le libre arbitre en prend un sérieux coup.

Et contrairement à ce que d'aucuns considèrent et souhaiteraient instituer, tout ce qui est pénible ne relève pas du pénal.

Accidents de parcours

Revenons ainsi en détail sur le cas déjà mentionné mais à mon sens très éloquent de cette sportive franc-comtoise qui passe une soirée du Nouvel An avec des amis de son club. Tout le monde est extrêmement alcoolisé, la nuit se passe et au matin du 1er janvier, tout va bien et chacun rentre chez soi avec la gueule de bois.

Reste que, quelques semaines plus tard, elle se rend compte qu'elle est enceinte. Le problème étant qu'elle n'a pas eu de rapports depuis belle lurette et que la seule soirée dont elle n'ait guère de souvenirs est celle de la Saint-Sylvestre.

Elle commence donc à gamberger. Elle se creuse les méninges. Elle a des flashs. Et se dit que oui, peut-être qu'elle a eu un rapport cette nuit-là avec l'un de ses camarades.

Le membre du club en question est interpellé, placé en garde-à-vue et interrogé.

Il est jeune, sans aucun casier ni antécédent, et ne comprend pas ce qu'on lui veut. C'est très compliqué à vivre. La famille est affolée. D'autant qu'on commence à parler de viol.

Le voici donc interrogé par les enquêteurs.

Il dit que oui, il se souvient bien de cette soirée du Nouvel An. Oui ils ont couché ensemble cette camarade et lui. Mais il ajoute :

— Je veux bien assumer, mais je n'ai pas été le seul. On était trois.

Et là, patatras ! Les gendarmes ne comprennent plus ce qu'il se passe.

Ils placent en garde-à-vue les deux autres qui ont été désignés par celui qui l'est déjà. Et ils attestent :

— Oui, en fait, on a tous couché avec elle ce soir-là. Mais elle était d'accord et aussi active que nous.

Les gendarmes font alors revenir la plaignante en lui signifiant :

— Nous avons un problème : ils étaient trois…

Et là, effort de mémoire, elle se souvient alors que oui, en effet, ils étaient peut-être plusieurs.

Cela s'est heureusement terminé par un non-lieu prononcé par la Chambre de l'Instruction de Besançon. Il s'agissait « simplement » d'une soirée très – voire trop – festive, entre jeunes qui s'appréciaient tous entre eux et qui se sont retrouvés, les uns comme les autres, complètement désinhibés par une surconsommation d'alcool.

Sachant que la désinhibition féminine n'est pas forcément moindre que la désinhibition masculine. De sorte que cette jeune femme, ce soir-là, a fait n'importe quoi. Avec les conséquences absolument désastreuses (mais ne relevant aucunement du pénal) que l'on ne peut que déplorer.

Mais cela ne s'appelle pas un viol. Seulement une expérience dramatique, mais en aucun cas constitutive d'un crime de viol.

Car quand on se met en danger ainsi, que l'on n'a plus de garde-fou psychologique et qu'on est complètement désinhibé, on s'expose à certaines conséquences, y compris des conséquences dramatiques.

Là, cela a été le fait d'être enceinte mais, s'agissant de rapports non protégés, ç'aurait pu être le Sida.

Pourtant, il n'est pas rare que ce type d'histoires soit traité comme une affaire de viol.

C'est pourquoi, à mon sens, quand on est parent, on doit sensibiliser ses enfants, garçons comme filles, aux dangers de la consommation d'alcool en soirée, à la consommation de stupéfiants, car on est toujours inquiet et que beaucoup de choses peuvent arriver. Y compris des accidents de parcours qui peuvent se révéler terribles.

Une situation impossible

Je me souviens d'un jeune agriculteur du Haut-Doubs que nous avons défendu, Me Jérôme Pichoff et moi.

Là aussi, soirée du Nouvel an. Très alcoolisée. Il rencontre une fille de bonne famille. Elle a dix-huit ans. Lui guère plus. Et tout au long de la soirée s'est noué un jeu de séduction entre eux.

Mais elle ne se sent pas très bien à un moment de la soirée et part se coucher. Il la rejoint, ils se retrouvent donc ensemble, font l'amour, et se quittent le lendemain.

Ils ne se donnent pas de nouvelles ensuite. Ni d'un côté, ni de l'autre.

Plusieurs semaines se passent et sa mère commence à la trouver bizarre. Assaillie de questions, la jeune femme finit par expliquer qu'elle a eu un rapport non protégé et qu'elle commence à s'inquiéter.

Mais la mère ne conceptualise pas – et elle le dira d'ailleurs à la Cour d'assises – que sa fille ait pu avoir un rapport sexuel avec un paysan qu'elle ne connaissait ni d'Ève ni d'Adam. C'était impossible ! Pas sa fille !

Et lors des deux procès (il va être condamné, à une peine très faible en première instance, puis acquitté en appel) nous soulignerons que cette jeune femme s'est retrouvée dans une situation impossible : peur d'être enceinte, peur d'avoir contracté une maladie sexuellement transmissible… Et impossibilité d'expliquer simplement à sa mère :

— Je suis une jeune fille de dix-huit ans, j'avais bu, j'ai eu envie de faire l'amour avec un garçon qui me plaisait bien sur le coup, je sais que j'ai fait n'importe quoi et je m'en mords les doigts...

Mais elle ne pouvait affronter le jugement moral, le jugement de valeur, notamment de sa mère qui considérait en substance que :

— Ma fille ? Ce n'est pas possible ! Pas elle !

Ce qui a placé cette jeune fille dans une situation très compliquée.

Parce que si elle avait été consentante, c'était le drame dans la famille. Alors que si elle avait été violée, cela restait un drame, mais elle était victime : ce n'était pas sa faute, elle n'y était pour rien dans ce processus qui avait abouti à…

Sur un plan moral, c'est plus entendable.

C'est oublier ce qu'est l'être humain. Et, comme un garçon a des désirs, une fille en éprouve aussi. Une fille de président comme une fille d'ouvrier de chez Peugeot. Et en l'occurrence, une fille de soignant comme un fils d'agriculteur du Haut-Doubs.

Cela fait partie des expériences.

Mais on s'aperçoit qu'aujourd'hui, ces expériences peuvent très facilement se retrouver devant des Cours d'assises avec des peines encourues très importantes et le traumatisme du procès pour l'accusé comme pour la partie civile. On ne ressort jamais indemne d'un procès d'assises même lorsque l'on est acquitté.

Plus le robot s'humanise, plus l'humain se robotise

Nous avons eu un autre cas assez extraordinaire, que mon associé Me Jérôme Pichoff a plaidé.

Un jeune homme, d'origine turque, de moins de trente ans et très avenant, rencontre une jeune femme en boîte de nuit. Ils se plaisent, flirtent dans la discothèque, sortent de l'établissement, vont dans sa voiture à lui et ont un premier rapport sexuel, que tous deux disent consenti.

Puis, un peu plus tard dans la soirée, ils envisagent de remettre ça mais, voyant qu'il y a du monde sur le parking, lui décide de déplacer sa voiture et va un peu plus loin…

Ils reprennent leurs ébats… Mais à un moment, elle lui aurait dit, selon elle :

— Non, je n'ai plus envie, arrête.

Il ne va pas s'arrêter et terminer le rapport sexuel.

Puis ils vont se quitter sans qu'il ait trop compris ce qu'il s'était passé et aux assises, cela se soldera par un acquittement.

Mais entre-temps, la jeune personne aura porté plainte pour viol. Puis retiré sa plainte. Puis redéposé sa plainte, à la demande de la police.

Sauf que, comme l'a plaidé justement Me Pichoff devant la Cour d'assises du Doubs, au bout d'un moment, un homme, ce n'est pas un sex toy !

Et surtout, comment un jeune homme pourrait-il comprendre immédiatement un revirement aussi soudain chez sa partenaire ? Alors que tout se passait parfaitement bien entre eux depuis le début.

Parce que lorsqu'on est d'accord pour avoir un rapport sexuel, il faudrait être capable de s'arrêter, dans la seconde, sitôt que l'on dit stop ? Comme on appuie sur le bouton on-off d'un vibromasseur ?

Est-ce à dire que, plus le robot s'humanise, plus l'humain doit se robotiser ?

D'autant que, contrairement à ce que l'on veut véhiculer aujourd'hui comme idée, il y a aussi des non qui veulent dire oui (voilà une phrase interdite de nos jours).

Il y a aussi des non qui veulent dire oui

Je l'ai pour ma part vécu dans certaines histoires, y compris parfois très courtes. Étant poli et bien élevé, la première fois où une femme m'a dit non alors que j'étais à côté de son lit, je devais avoir vingt ans, j'ai accepté ce non comme il se doit.

Beau joueur, et me levant en commençant à partir de chez la dame, je me suis fait sauter dessus par cette dernière en m'entendant dire :

— Mais qu'est-ce que tu es bête !

Reste que, comme ma mère m'avait dit : « Quand c'est non, c'est non », je me tenais à cette règle. Laquelle a donc été nuancée depuis. Si bien évidemment l'immense majorité des non veulent dire non, il y a aussi des non qui veulent dire oui, tout cela est une question de contexte. N'en déplaise aux esprits simplistes.

Car c'est bien évidemment bien plus subtil que cela. Il faut se défier de toute caricature. Et en la matière, je crois qu'hommes et femmes n'ont pas de leçons à se donner, d'un côté comme de l'autre. Si tant est qu'il faille instaurer une barrière.

Sans oublier que l'on fait tous des erreurs ! Mais d'une erreur, il y a toujours quelque chose à retirer, ne serait-ce que pour ne pas la reproduire. Et surtout, cela ne saurait constituer une infraction pénale.

D'autant que transformer des erreurs en infractions pénales contribue à rendre la société très insécure : comme dans toutes les sociétés totalitaires, on ne sait pas ce qui peut vous être reproché demain.

Dans une société de victimes, c'est toujours la faute de l'autre

Nous commettons tous des erreurs de parcours dans nos vies. L'intéressant étant, une fois l'erreur commise, de se corriger pour ne pas la réitérer.

Mais là, dans la doxa actuelle, la mauvaise expérience n'est pas une erreur, puisque c'est de la faute de l'autre !

En fait, dans une société de victimes, c'est toujours la faute de l'autre.

On déresponsabilise tout le monde en inculpant à tout va.

Il est inquiétant d'assister à une telle dérive.

Car la loi est la loi : un viol se caractérise par la violence, la contrainte, la menace ou la surprise. Mais on veut sortir de la loi pour y faire entrer d'autres critères d'ordre moral. D'où des notions magiques comme l'emprise. L'emprise explique l'inexplicable dans les comportements des plaignantes. C'est aisé.

C'est très intéressant d'ailleurs, lorsqu'on pose la question à un expert psychologue de savoir :

— Une femme sous emprise, lorsqu'elle a des rapports sexuels, ceux-ci sont-ils forcés puisqu'étant sous emprise, elle n'a plus son libre arbitre ?

Et là, on nous explique que oui, les rapports sont forcés et que l'on se situe forcément dans le domaine de la contrainte morale et donc du viol.

Mais quand on renverse la question, parce qu'il est toujours intéressant de changer de perspective, notamment en présentant un miroir :

— Et est-ce qu'un homme peut être sous emprise ?

Il est souvent gênant pour un expert de le reconnaître. Pourtant, ce que l'on définit comme étant l'emprise n'est pas un monopole masculin. Lorsque l'on est épris de quelqu'un, n'est-on pas, de facto, sous son emprise ?

Et quand on les pousse dans leurs retranchements en leur demandant s'il y a viol ou agression sexuelle lorsqu'un homme sous emprise a un rapport avec une femme, là non, ils considèrent que pas du tout.

Mais l'emprise ne semble valoir que pour les femmes.

Autre dérive, Loysel, grand auteur du droit civil, disait que : « Dans le mariage, trompe qui peut ». C'est-à-dire que le mensonge et la manipulation ont toujours fait partie du jeu amoureux.

Car, en réalité, on a le droit de mentir à une femme ou à un homme, on a le droit de le ou la tromper, de le ou la manipuler…

Et tout cela ne relève pas du pénal.

Certes une personne peut « mettre sous emprise » une autre, autrement dit le ou la rendre « accro », au point qu'il y a – moralement – une victime de cette situation d'emprise parce que cela est très compliqué et que, oui, bien évidemment, on peut en souffrir atrocement, d'autant que cela peut confiner à la dépendance totale, etc.

Certes. Mais est-ce que cela ne fait pas partie de la vie ? Cela ne fait-il pas partie des rapports humains ?

Or aujourd'hui, il n'y a pas une affaire à caractère sexuel sans qu'on nous sorte l'emprise et le pervers narcissique.

Et au fait, la perversion narcissique, est-ce que cela se soigne ? Parce que quand je lis la définition du pervers narcissique, j'aurais tendance à dire que, dans les signes du zodiaque, c'est le lion : celui qui est très égocentré, très narcissique, qui ne pense qu'à lui, veut que tout tourne autour de lui, a assez peu d'altérité et d'empathie et qui a tendance à avoir des rapports dans lesquels l'autre est passablement méprisé voire ignoré. Bon. Mais ce n'est pas interdit ! Et cela existe depuis la nuit des temps.

En revanche, ce qui est très amusant, c'est qu'une femme perverse narcissique – et il y en a ! – ne semble poser aucun problème...

Hommes ou femmes, nombre de personnes présentent ces traits de personnalité, qui ne constituent pas pour autant une pathologie psychiatrique. Et c'est à mon humble avis un bien grand mot (et surtout trop à la mode) pour pas grand-chose.

Sceptique et inquiet sur la psychiatrie et la psychologie

Les experts psychiatres sont souvent remarquables lorsqu'ils déposent à la barre de la Cour d'assises en restant dans leur domaine qui est la psychiatrie.

Le problème, c'est qu'on leur pose de plus en plus de questions en matière de psycho-criminologie.

Je ne sais pas ce qu'est cette discipline. C'est une pseudoscience qui permet au psychiatre de sortir de la psychiatrie et de rentrer dans une psychologie criminelle.

Parmi les gros indicateurs, ils se basent sur le casier judiciaire du mis en cause pour apprécier les risques de récidive ou de réitération. Là, les psychiatres ont une porte pour déborder hors de leur domaine de compétences.

Mais psychiatres ou psychologues, tout dépend vraiment de la personnalité de l'expert.

Encore une fois, il y a ceux qui sont très mesurés, qui ont conscience de la relativité de leurs conclusions, quand certains sont dans la toute-puissance absolue.

Le summum c'est lorsqu'un expert explique que quelqu'un est incapable de remise en cause et d'empathie ou d'appréhender l'altérité comme d'entendre un discours différent du sien. Et lorsqu'on demande à cet expert :

— Est-il possible que vous puissiez commettre une erreur dans votre diagnostic ?

Et qu'il vous répond :

— C'est absolument impossible !

Il prouve ainsi qu'il souffre manifestement du même trouble que celui qu'il prétend avoir décelé chez la personne qu'il a diagnostiquée.

N'oublions pas par ailleurs que la psychiatrie est ce que l'on appelle une science molle. Et la psychiatrie de 2022 n'est pas celle de 1950 ni de 1980. Ce n'est pas une science exacte ni achevée. Je pense qu'elle est encore en pleine évolution.

Rappelons-nous qu'il y a quelques dizaines d'années encore, l'homosexualité en France était traitée comme un trouble et soignée en psychiatrie comme la schizophrénie. Et ceci jusqu'en 1992 (1973 pour les Américains). Prudence donc.

C'est ainsi que je suis sceptique et inquiet sur l'usage que font certains de la psychiatrie ou de la psychologie.

Avec ce que j'ai pu voir au fil des dossiers, j'ai peur que des personnes qui vont mal aillent encore plus mal encore avec certaines thérapies.

J'observe que la psychologie conforte bien souvent les patients dans une identité absolue de victime et je trouve cela terrifiant. Car quand on n'est pas considéré comme quelqu'un de responsable – y compris, en partie, dans ce qui ne va pas dans sa propre personnalité – on n'évolue pas.

Plus globalement, je pense que l'on est dans une société dans laquelle on n'accepte plus de souffrir psychologiquement, ni même de souffrir tout court.

Or, la souffrance fait partie de la vie. Et la souffrance morale et psychique aussi. Ne serait-ce que le deuil : on peut prendre des cachets pour fuir et se réveiller au bout d'un mois, le deuil n'aura pas disparu, et la souffrance qui va avec non plus.

Et la vie, ce sont aussi des deuils, des échecs, des ruptures... Il s'agit donc d'être capable d'affronter tout cela, même si ce n'est pas facile. Les choses ne sont pas codifiées, sur coussins d'air avec la climatisation, du jour où l'on naît à celui où l'on meurt. La souffrance fait viscéralement partie de la vie de toute espèce sur la planète. Et l'être humain n'y coupe pas.

Surf sur les planches du Rorschach

J'ai eu une passe d'armes avec une psychologue venue déposer aux assises avec un bras dans le plâtre. Elle avait expertisé tant la plaignante que l'accusé en axant tous ses travaux sur le fameux test du Rorschach, à base de planches élaborées par le psychiatre Hermann Rorschach en 1921. Le tout pour consacrer la victime comme étant victime acquise et véritable victime de viol avec un agresseur désigné qui était donc mon client.

J'avais de mon côté sorti les planches du Rorschach et étudié le sujet.

D'où ma première question :

— Madame l'expert, vous expliquez que l'accusé a mal répondu aux planches, en conséquence de quoi vous avez diagnostiqué une perversion sexuelle. C'est bien cela ?

— Oui, c'est exact.

Je lui demande alors :

— Quelles planches ?

Elle me regarde, goguenarde, en me lançant :

— Il a mal répondu aux planches c'est tout !

— Non Madame. Je dispose moi-même ici des planches du Rorschach et je voudrais savoir à quelles planches il a mal répondu. Et ce qu'il a répondu.

Là, l'experte s'adresse au Président et estime :

— Monsieur le Président, je n'ai pas à répondre à cela.

J'interpelle à mon tour le Président en lui signifiant :

— Monsieur le président, c'est une experte, elle a prêté le serment des experts qui prévoit de déposer loyalement et en toute transparence. Je ne fais que l'interroger sur ses travaux et les conclusions de ceux-ci.

Le Président, très bien, dit à l'expert :

— Effectivement, Me Schwerdorffer a le droit de vous interroger sur vos travaux et donc de vous demander des explications sur les résultats des tests que vous avez fait passer.

Passablement agacée, l'experte sort alors son dossier avec ses planches et commence à m'expliquer en quoi mon client a mal répondu.

J'observe la tête des jurés et j'y lis une certaine consternation. Manifestement, ils s'interrogent :

— Et c'est avec ça que l'expert a diagnostiqué une perversion sexuelle ?

Le diable à deux têtes

Pire que cela : sur la première planche du test de Rorschach, l'agresseur présumé avait vu une tête de diable. Mais la partie civile aussi !

Et l'experte d'expliquer alors que, si l'accusé voit une tête de diable, c'est qu'il a une perversion sexuelle. Mais que si c'est la partie civile qui voit la même chose, c'est qu'elle présente un traumatisme sexuel.

Ça fait quand même assez peur, non ?

J'avais alors demandé à l'experte :

— Au fait, la plaignante a-t-elle pu avoir accès à ces planches et aux réponses favorables et défavorables ?

Sa réponse avait été :

— Non, c'est impossible, Maître.

J'avais alors sorti les planches en lui expliquant :

Pourtant vous voyez, en cinq minutes sur internet, j'ai pu me les procurer puisque c'est tombé dans le domaine public. Et donc, n'importe qui peut les avoir et surtout se préparer au test.

Et j'avais ensuite produit aux jurés des planches où l'accusé avait « mal » répondu, avec en regard ce qu'il fallait répondre. Et à l'inverse ce qu'il ne fallait pas répondre. Le tout provenant de l'Université de psychologie de Lyon.

L'experte s'était alors sentie mal. On l'avait fait asseoir sur une chaise. Et la fin de l'interrogatoire avait été assez tendue.

Elle a ensuite déposé plainte contre moi, ainsi que l'ordre national des Psychologues. Et le bâtonnier de l'époque avait saisi le conseil de l'ordre pour diligenter une enquête déontologique à mon encontre sur ma façon d'interroger les experts en Cour d'assises.

Ceci en considérant que j'avais « agressé psychologiquement » l'experte à la barre, au point qu'elle s'était sentie mal (effectivement elle avait fait un malaise) ; qu'elle était dans un état de particulière vulnérabilité puisqu'elle avait un bras cassé (mais il ne s'agissait pas d'un bras de fer ! du moins au sens propre) ; que j'avais osé malgré tout l'interroger alors qu'elle était assise…

L'enquête a heureusement conclu, après avoir interrogé plusieurs Présidents de Cours d'assises devant lesquelles je travaillais, qu'effectivement je remettais fréquemment en cause le travail des experts, notamment psychiatres et psychologues et que je contestais la qualité de certains tests, notamment le test de l'arbre et celui du Rorschach… Mais que c'était mon travail.

Lequel travail se faisait qui plus est sous la direction du Président de la Cour d'assises, qui a la police de l'audience, et que jamais dans le cadre des questions qui avaient été posées les miennes n'avaient excédé le travail de l'avocat de la défense, travail parfois rugueux, dérangeant, difficile pour un expert, mais toujours respectueux de la Cour d'assises.

L'enquête déontologique a fini là. En revanche, ce qui m'a profondément gêné, c'est qu'à l'époque l'ordre des Avocats a ordonné une enquête contre un avocat qui ne fait que son travail : c'est aberrant !

Non seulement je fais mon travail d'avocat en interrogeant librement et de façon précise, mais il est étonnant de voir un ordre des Avocats tenter de limiter la parole d'un des siens. J'en avais beaucoup voulu au bâtonnier de l'époque parce que je trouvais le principe même de cette enquête particulièrement inapproprié.

Surtout que certains de mes confrères lui avaient expliqué d'emblée que ce genre de contre-interrogatoire faisait partie ni plus ni moins du travail de pénaliste.

Après, j'avais apprécié la réponse des Présidents de Cour d'assises qui avaient souligné :

— Il n'a fait que son travail. Il n'y a même pas de question.

Si l'on n'est pas vigilant, l'expert prend la place du juge

Et donc cette plainte de l'ordre national des Psychologues a été classée sans suite. Mais encore une fois, les experts psychologues qui se mettent en danger sont ceux qui sont péremptoires. Ou ceux qui font dire à leurs tests plus que ce que leurs tests ne permettent de dire. Et là, cela devient extrêmement dangereux.

Sans compter que lorsque l'expert dit « c'est vrai » et non pas « c'est vraisemblable », il émet un jugement. Et là est l'écueil. Et, si l'on n'est pas vigilant, l'expert prend la place du juge.

Sachant que la qualité d'une expertise se limite aux déclarations des uns et des autres : c'est une rencontre, une discussion.

Et qu'avant d'expertiser telle ou telle partie, l'expert a soit tout le dossier, soit des éléments du dossier, mais en tout état de cause, il sait de quoi il retourne.

Passe d'armes

Dans une autre affaire, avec mon associé Me Jérôme Pichoff, j'ai eu une belle passe d'armes avec un autre expert, en balistique cette fois.

Un jeune étudiant en droit était jugé pour avoir braqué un artisan et tiré sur la femme de celui-ci.

Ce jour-là en effet, il arrive très tôt le matin, tombe sur l'épouse de l'artisan qu'il souhaite rançonner, elle est seule, il lui demande la caisse, elle s'affole, s'enfuit en courant… C'est alors qu'un coup de feu part et l'atteint à l'épaule.

Au procès d'assises, toute la question va être de savoir si c'était un coup de feu intempestif (l'accusé mettant en avant que c'est une crispation qui a provoqué le coup de feu) ou s'il s'agit d'un tir intentionnel.

Sachant que si le coup de feu n'était pas intentionnel, il s'agit de violences avec arme. Et que s'il l'était, c'est une tentative de meurtre. Avec une vraie balle, qui a atteint une mère de famille, de dos.

En première instance, un expert avait écrit dans ses conclusions qu'il y avait « une très faible probabilité » que ce soit un tir accidentel.

À la barre en revanche, il excluait totalement le tir accidentel. Mais, comme il ne l'avait pas exclu dans son rapport, il était tenu par ce qu'il avait écrit.

Nous l'avons donc repris sur son rapport. Avec insistance. Et il a fini par admettre qu'il y avait une « très faible probabilité » mais que cela était « possible ».

L'accusé va être acquitté en première instance pour la tentative de meurtre et condamné pour les violences volontaires avec arme et la peine sera de neuf années de prison.

Estimant la peine trop lourde au regard notamment de l'ancienneté du dossier, nous interjetons appel.

Et revoici l'expert à la barre, de la Cour d'assises d'appel de Vesoul cette fois. Sauf qu'il a l'expérience du premier procès.

Côté défense, nous savons que cela va être difficile avec lui. Mais sa déposition fait partie des éléments cruciaux de ce dossier.

Sachant que le premier est la déposition du père de l'accusé, sans concession face à la délinquance de son fils, fils pour lequel il a tout fait en vain pour tenter de le sortir de l'ornière et cas totalement isolé au sein de la famille, des gens très bien… Et ce père a un tel discours que les jurés ne peuvent que s'y identifier : ce père qui ne sait que faire avec son gamin qui dysfonctionne et se retrouve devant une Cour d'assises, c'est eux !

Arrive donc l'expert balisticien, avec à la clé la possibilité de considérer qu'il s'est agi d'un tir par crispation ou accidentel. Mais l'expert, manifestement, veut vraiment défendre la thèse du tir volontaire.

Quand le Président lui pose les questions : Tir accidentel ? Il répond : Impossible. Tir de crispation ? « Cela m'étonnerait vu le type d'arme. Non, il ne peut s'agit que d'un tir volontaire. »

Bref, cela ne va pas du tout dans le sens de ce que nous avions envisagé comme ligne de défense, mais aussi dans ce qu'il y avait d'écrit dans son rapport.

J'intervenais pour la défense avec mon associé Me Jérôme Pichoff et nous recommençons notre contre-interrogatoire :

— Est-ce qu'il peut s'agir d'un tir accidentel ?

— Non.

— Vous êtes toutefois moins formel et affirmatif dans votre rapport, où vous avez parlé d'une faible probabilité. Pourquoi ?

Et là il nous sort qu'il a repris ses travaux et qu'en fait, le tir accidentel avec ce type d'arme est impossible à cause de la théorie de main-molle.

On se regarde avec mon associé. Non seulement on ne connaît pas cette théorie mais quand on cherche on ne trouve rien…

Et l'on va ensuite s'écharper avec cet expert en lui rappelant qu'en première instance, il avait indiqué que c'était « peut-être une possibilité » mais que les statistiques l'excluaient.

— De quelles statistiques parlez-vous ? Pouvez-vous en justifier ?

— Non je ne les ai pas avec moi, mais ce sont des statistiques que nous en avons en balistique.

Il est aisé d'affirmer de telles choses quand on est expert, mais toujours est-il que rien n'est produit par l'expert. Dont acte.

Il finira par admettre, mais du bout des lèvres « peut-être une éventualité de possibilité de tir accidentel », et dira qu'effectivement, « le cas de tir par crispation est possible » mais privilégiera toujours la thèse du tir volontaire.

Mais en l'occurence, c'est l'expert psychiatre qui va faire basculer définitivement le procès. En s'aventurant sur le terrain de l'élément intentionnel.

Me Jérome Pichoff lui a demandé :

— Monsieur l'expert, quel est votre degré d'expérience en Cour d'assises ?

— Voilà trente ans que je réalise des expertises et que je viens déposer à la barre.

— Vous avez donc l'habitude d'intervenir dans des dossiers de passages à l'acte par arme à feu, arme blanche, strangulation, etc. ?

— Oui, j'en ai traité beaucoup effectivement.

— Avez-vous déjà vu des coups de feu ou des coups de couteau portés ou tirés de façon involontaire ?

— Oui.

— En l'occurrence, dans ce dossier, que pensez-vous lorsque l'accusé décrit un tir de crispation ?

— Vu son profil et ce qu'il m'a expliqué, cela me paraît très probable.

Intervention de l'avocat général :

— Monsieur l'expert, ce n'est pas normal, vous intervenez sur un point qui ne vous regarde pas et qui est l'élément intentionnel.

Reprise de la parole de mon confrère qui enfonce le clou :

— Est-ce que l'on peut tirer sur quelqu'un de façon involontaire ?

— Oui

— Et dans le cas de cet homme, cela pourrait-il être le cas ?

— Selon moi, oui, parfaitement.

Et là, l'avocat général va caler. Il ne va plus chercher l'expert. Alors que celui-ci a en effet débordé du cadre de son expertise. Car l'expert aide pour la compréhension de ce que l'on appelle l'*iter criminis*, le chemin du crime, et sur la psychologie de l'auteur au moment des faits. Mais l'élément intentionnel relève de la chasse gardée du jury. Là, il est allé au-delà. Cela arrive parfois en faveur de la défense, comme dans ce cas, mais d'autres fois aussi en sa défaveur.

En l'espèce, il nous a donné ce point-là. Et dorénavant, l'acquittement concernant l'élément intentionnel semblait acquis.

Ce sera en effet le cas et la peine passera à sept ans en appel, contre neuf en première instance.

Les « indices » des enquêtes de personnalité

Ce sont souvent d'anciens gendarmes ou policiers qui réalisent les enquêtes de personnalité des accusés en recueillant les dires de personnes qui les ont côtoyés. Et il est toujours étonnant de constater les déclarations que sont capables de faire les gens.

Par exemple, dans un procès où nous avions défendu, Me Pichoff et moi, un jeune militaire accusé de meurtre dans une affaire de légitime défense, à Nancy, l'enquêteur de personnalité avait exhumé un épisode où, quand il était collégien, l'accusé avait mis un coup-de-poing à un camarade et avait été renvoyé trois jours.

Mis à part cet épisode, il présentait un casier judiciaire vierge, n'avait jamais eu affaire à la justice… Mais ce coup-de-poing au collège a eu un effet terrible aux assises, suscitant des :

— Comment ? Vous êtes habituellement violent ! Vous vous rendez compte ?

C'est délirant ! Tout ça pour un bourre-pif entre collégiens. Devant une Cour d'assises, une gifle prend des proportions énormes.

Dans ce même procès, un avocat de la partie civile avait aussi lancé :

— Quels sont vos loisirs ? J'ai lu dans votre enquête de personnalité que vous aimiez les jeux vidéo… Hum. Lesquels ?

Et bien sûr, il jouait au jeu militaire Call of Duty.

— Ah oui ! C'est un jeu où l'on tue des gens, c'est bien cela ? Or, Monsieur, on vous reproche justement d'avoir tué quelqu'un ! C'est terrifiant.

Dans le même registre, nous avons eu dans une autre affaire de meurtre quelqu'un de la famille de l'accusé qui a déclaré à l'enquêteur de personnalité que, quand il était petit, l'accusé avait tué un hérisson.

Éclairant ? Non, consternant. Quand on voit toutes les cruautés que peuvent commettre les enfants avec les lézards, les grenouilles, les orvets, etc. Franchement…

Mais dans l'enceinte d'une Cour d'assises, ces enquêtes de personnalité peuvent prendre des proportions phénoménales.

Sans compter que certaines personnes ont tendance à tout déformer. Ainsi, dans un autre procès, une voisine de l'accusé est venue dire :

— Un jour, j'ai eu le malheur de lui faire une réflexion, il m'a regardé avec des yeux rouges ! J'ai vu le diable ! J'ai cru que j'allais mourir !

Bref. Mais il ne faut jamais oublier que, lorsqu'une enquête de personnalité est réalisée, les gens sont interrogés après les faits. Ils sont au courant de ce qui est reproché à la personne dont on leur demande de parler. Et donc, tout est transformé, déformé, et vu à travers le prisme du crime dont il est question. Un regard anodin au moment où il est lancé devient des années après le regard du diable devant la Cour d'assises.

Et tous les dires et agissements de quelqu'un qui n'avait jamais posé de problème auparavant se trouvent regardés a posteriori comme suspects, y compris ceux de l'enfance et de l'adolescence.

C'est comme dans l'affaire Péchier – cet anesthésiste de Besançon que nous défendons et qui est accusé d'avoir empoisonné des patients – où le parquet a fait un exposé sur le fait que, possiblement, Frédéric Péchier aurait triché une fois au cours d'une partie de golf, ce qui démontrerait qu'il a une personnalité gravement manipulatrice.

C'est sérieux ? Je suis désolé, mais j'ai vu tricher à la fac de droit des gens qui sont devenus magistrats ou avocats !

Cependant, ce type d'assertions est symptomatique de ces enquêtes de personnalité. Où un petit événement ponctuel ou un écart peut devenir quasiment une règle de conduite ou un trait de personnalité de l'individu.

Et un événement anodin dans une existence peut prendre des proportions colossales en Cour d'assises. Il y a un effet loupe. Même si parfois, cela revient à résumer une vie en trois jours. Sans compter qu'il est rare d'avoir une vie lisse, au cours de laquelle on n'a jamais commis d'erreurs et où tout ce qu'on a fait était parfait.

C'est d'ailleurs pourquoi, lorsqu'on plaide en Cour d'assises, on explique parfois aux jurés que l'on a besoin d'eux avec leurs qualités et leurs défauts. Parce que pour bien comprendre un comportement, il faut avoir les deux, tant nous sommes tous faillibles. Être humain, c'est chercher à corriger ses imperfections et donc commettre des erreurs qu'il s'agit de ne pas reproduire pour s'améliorer. Et ceci tout au long de la vie.

Encore une fois, je pense qu'il faudrait quatre-vingt ans de brouillon pour réussir sa vie tellement certains choix sont difficiles. Et quand bien même on les aurait que cela ne nous empêcherait pas de faire d'autres erreurs…

Un témoin, c'est l'inconnue

Aux assises, il faut avoir une intelligence situationnelle. Certains témoins vont, par nature, susciter de l'empathie voire de la sympathie. Leur contre-interrogatoire va donc s'avérer délicat, il faut en avoir conscience, car il est hors de question, même s'ils déposent en défaveur de l'accusé, de les bousculer ou de les pousser dans leurs retranchements. Ce serait provoquer une réaction très négative de la part des jurés.

Non pas que nous soyons dans une opération de séduction des jurés, simplement, il faut que nous restions audibles pour eux. Et s'ils commencent à être insupportés par un contre-interrogatoire dans lequel ils estiment que l'avocat fait inutilement souffrir un témoin, ce sera contre-productif.

À l'inverse, certains témoins mentent éhontément. Cela se voit et s'entend. Et l'on peut alors se faire plaisir en appuyant çà et là sur les incohérences ou les outrances de leurs propos pour les souligner. C'est parfois somptueux.

Il y a aussi des témoins qui essayent d'être honnêtes mais qui sont totalement dans la subjectivité. Dernièrement, une responsable de supermarché, dont une des caissières a été tuée par son conjoint, a dit au cours de l'enquête que non, à sa connaissance, la victime ne se sentait pas surveillée. Or, à la barre de la Cour d'assises, elle a prétendu que si, elle se sentait surveillée tout le temps.

Ce n'est pas là un témoin qui ment. C'est un témoin qui est tellement imprégné de l'affaire, de ce qu'il a entendu et lu dessus, qu'il en vient à dire l'inverse de la réalité telle qu'il l'a vécue. Il faut le faire ressortir et ressentir par les jurés dans les débats.

Ceci est aussi dû au fait que ce témoin a été très impressionné par ce qu'il s'est passé. Parce qu'heureusement, la plupart des gens dans leur vie quotidienne ne sont pas confrontés au crime. Quand on sait qu'une personne avec laquelle on travaillait est morte étranglée, cela provoque des réactions, des réflexions et des ruminations qui font que les souvenirs peuvent s'en trouver transformés. C'est pour cela que nous sommes toujours très vigilants sur ces évolutions.

Les Présidents de Cour d'assises en sont d'ailleurs pleinement conscients et savent faire la part des choses.

Sachant qu'un témoin, c'est toujours une surprise. Il y a ce qu'il a dit lors de l'enquête et qui figure, noir sur blanc dans le dossier, mais on ne sait jamais à l'avance comment il va se présenter, ce qu'il va dire à la barre et quelle incidence cela va avoir dans le procès. Un témoin, c'est l'inconnue la plus totale.

Visioconférences

J'étais très favorable à la visioconférence lorsqu'elle est apparue. J'y voyais un outil efficace, qui permettait à des personnes qui ne pouvaient pas se déplacer de témoigner.

C'est le cas en effet. Mais avec la pratique, je trouve cela catastrophique. Non seulement parce que c'est souvent techniquement très aléatoire et compliqué mais surtout parce que je trouve que cela a très peu d'impact sur les jurés. Sans compter que c'est très confortable d'être à distance pour celui qui témoigne puis est interrogé.

Avec bien souvent un festival de « J'ai pas bien entendu », « Pardon, vous pouvez parler plus fort ? », « Non, je ne souhaite pas répondre », etc.

Il n'y a pas l'ambiance de la Cour d'assises, où tous les protagonistes, jurés, avocats, ministère public et bien sûr accusé, sont sous surveillance mutuelle constante. C'est une tension permanente, qui est même palpable. Et plus un procès est long, plus la bulle est hermétique et dense et tout le monde est imprégné de l'ensemble du dossier, réceptif et interprétatif. De sorte que la présence à la barre peut tout changer, quand la visioconférence, à l'inverse, échappe à cette bulle.

C'est pourquoi je trouve que ces visioconférences sont très préjudiciables à la qualité des procès. D'autant que dans certains dossiers, la plupart des témoignages se font ainsi.

Mais malgré tout, c'est une pratique de plus en plus fréquente qu'il faudrait éviter à mon sens au maximum dans l'intérêt des procès.

Public relations

Dans le public, il y a certains journalistes dont j'ai déjà parlé et avec lesquels nous échangeons régulièrement pour qu'ils nous donnent leur avis sur l'évolution des débats. Il y a aussi les étudiants en droit qui viennent nous parler et c'est toujours intéressant. Et puis, il y a les quidams passionnés qui suivent toutes les sessions.

Ils sont très gentils, on finit par les connaître, ils viennent souvent nous donner leur avis. Nous avons des échanges fréquents et cela reste très sympathique.

J'ai fait partie, jeune, de ce public de Cours d'assises. J'adorais aller voir des procès. Je ne comprenais pas tout, mais j'adorais cela. Et quand j'étais démotivé à la faculté de droit, j'allais au palais assister à des audiences.

J'ai ainsi vu beaucoup de procès. Et vite décelé des choses que je n'aimais pas. Je voyais un vieux système, centré autour du Président de la Cour d'assises, où les avocats n'avaient pas la possibilité de poser des questions directement. Et dans le même temps, je voyais des films américains, où les questions étaient très directes, les débats beaucoup plus dynamiques, rythmés et contradictoires.

Et j'ai donc eu la chance de prêter serment à l'orée du nouveau millénaire, où ces choses-là ont heureusement évolué.

« Le pire ennemi du droit pénal, c'est la morale »

On est parfois lors des procès dans des conceptions morales qui vont au-delà du droit. Et c'est là que je repense à l'importance de la phrase de Jean Pradel, important auteur de droit pénal : « Le pire ennemi du droit pénal, c'est la morale ». On ne condamne pas quelqu'un pour satisfaire la morale. La seule chose qui compte, c'est la loi, toute la loi, rien que la loi.

Je voyais les prémices de cette prépondérance de la moraline au début des années 2000. Mais nous sommes désormais en plein dedans.

J'ai déjà entendu des Présidents de tribunal tenir des propos tels que :

— Monsieur, vous avez soixante ans, trouvez-vous normal d'être avec une jeune femme de vingt ans ?

On est où là ? Qu'est-ce que la normalité en la matière ?

J'ai également un procès qui s'annonce passionnant en appel où une jeune femme s'est fait couvrir de cadeaux par un homme beaucoup plus âgé qu'elle, tout en étant en pleine possession de ses capacités intellectuelles et de ses moyens. Mais la famille du Monsieur a tout fait pour qu'il soit séparé d'elle et que tous les cadeaux qu'il lui avait faits soient saisis.

J'estime que l'on a le droit de dépenser son argent comme on veut. Et même de le « claquer » pour une femme ou un homme, juste parce qu'on prend du plaisir au lit ou ailleurs avec cette personne.

Or, cette jeune femme a été condamnée en première instance pour abus de faiblesse, la faiblesse étant constituée par l'aveuglement provoqué par la relation amoureuse.

On est là dans un jugement purement moral. En réalité, ce qui est en jeu, c'est la liberté. Et on ne se rend pas compte qu'en agissant ainsi, on commet des atteintes majeures à la liberté.

Procès en sorcellerie

Il y a peu de temps, au début de cet été 2022, j'ai croisé l'ancien président de la Chambre de l'Instruction, M. Gilles Raguin, aujourd'hui en retraite, quelqu'un que j'ai toujours beaucoup apprécié mais avec qui je n'ai jamais eu de relations amicales. Et je lui ai fait remarquer :

— C'est étonnant comme la vie est faite parce que ce journaliste qui a été mis à pied suite à de fausses accusations à l'encontre d'un couple de députés LFI, c'est le même qui, dans l'affaire Péchier, avait sorti sur Twitter ce SMS où Frédéric Péchier écrivait : « Randall a déjeuné avec le Président, il est franc-maçon, si ça se trouve le Président aussi… ».

Le journaliste en question avait alors inféré : Randall Schwerdorffer est franc-maçon, peut-être que le président de la Chambre de l'Instruction l'est aussi… Et donc il y aurait collusion. Et cela s'était retrouvé sur twitter. Manifestement le magazine *Le Point* n'avait pas voulu sortir d'article mais Aziz Zemouri avait quand même balancé son « scoop » sur un soupçon de collusion à Besançon entre la défense et le président de la Chambre de l'Instruction. Et cela allait aller très loin. Jusqu'à un pourvoi en cassation pour suspicion à l'encontre du président de la Chambre de l'Instruction en question.

À l'époque, le journaliste auteur du tweet m'avait appelé. Je m'en souviens très bien, c'était un samedi matin, j'étais à mon bureau, il s'était présenté :

— Bonjour, Aziz Zemouri du journal *Le Point*. Vous êtes Randall Schwerdorffer.

— Oui.

— Vous êtes franc-maçon ?

On ne se connaît pas, on ne s'est jamais parlé... Je lui demande :

— Pourquoi me posez-vous cette question ?

— Non mais répondez, c'est très important. Vous êtes franc-maçon ou pas ?

— Oui. Et je n'en fais pas mystère. Mais pourquoi me demandez-vous cela ?

— Ça vous arrive souvent de déjeuner avec le président de la Chambre de l'Instruction ?

— C'est quelqu'un que j'apprécie, mais je n'ai jamais déjeuné ni même bu un verre avec lui.

— Faites très attention. Vous êtes sûr de ce que vous dites-là ?

— Absolument. Je n'ai jamais ni déjeuné ni dîné avec lui.

— Ce ne sont pas les sources que j'ai.

— Écoutez, j'ignore quelles sont vos prétendues sources, mais je suis sûr de ce que je vous dis.

— Et il y a deux ans, vous êtes certain que vous n'auriez pas déjeuné ensemble ?

— ??? Qu'est-ce que c'est que ça ???? Puisque que je vous dis que...

— Et le Président Raguin, il est franc-maçon aussi ?

— Je n'en sais rien, mais pourquoi ces questions ?

— Bon ben très bien, merci beaucoup. Au revoir.

Et il raccroche. Fin de la discussion. Surréaliste !

Sort son Tweet dans la foulée. M'accusant de collusion avec le président de la Chambre de l'Instruction pour éviter à Frédéric Péchier, l'anesthésiste bisontin accusé d'empoisonnements, d'être incarcéré. Nous étions à l'époque sur la deuxième série de mises en examen et, au grand dam de l'establishment médiatique, le Dr Péchier n'avait pas été placé en détention. Une décision qui était tombée à cinq heures du matin après des heures de débat et des heures et des heures de délibérés.

Cette décision de ne pas le placer en détention provisoire, mais de le maintenir sous contrôle judiciaire à condition de fixer sa résidence hors de Franche-Comté, chez ses parents, avait été confirmée par la Chambre de l'Instruction.

D'où cette accusation, par presse interposée, de collusion qui nous a visés, le président de la Chambre de l'Instruction et moi, sur fond de supposée entente maçonnique.

Je crois savoir d'où cela venait… En tout cas, le coup émanait de personnes qui avaient une connaissance très fine de l'affaire et qui, sur les quinze mille pièces de la procédure, n'avaient pas envoyé cet extrait « Randall déjeune avec le Président » par hasard.

Bref, mes contempteurs connaissaient très bien le dossier. Mais heureusement pas les personnes qui gravitaient autour, concernant le président de la Chambre de l'Instruction tout du moins, décrit comme franc-maçon alors qu'il ne l'était pas.

En attendant, suite au tweet accusatoire du journaliste en question, le procès en sorcellerie nous concernant lui et moi est intenté et c'est le branle-bas de combat au parquet général. Qui décide de former pourvoi en cassation contre la décision de placer le Dr Péchier sous contrôle judiciaire en mettant en avant la suspicion de l'apparence de collusion entre « ma pomme » et le président de la Chambre de l'Instruction. Lequel aurait rendu une décision favorable au mis en cause en raison d'une connivence franc-maçonnique qui serait la nôtre.

Voilà qui va très loin dans la dinguerie… Mais cela passe par voie de presse et l'accusation fallacieuse prospère.

Quant à l'explication de ce texto « Randall déjeune avec le Président », effectivement j'avais bien déjeuné à cette période avec le Président (futur à l'époque) et ce n'était pas Gilles Raguin mais Emmanuel Macron auquel faisait référence Frédéric Péchier. Et cela changeait tout.

Il s'agissait en fait d'un déjeuner lors d'une visite d'Emmanuel Macron, auquel Jean-Louis Fousseret, le maire de Besançon de l'époque, m'avait convié et qui avait eu lieu au sein de l'école de Thierry Marx, à Besançon.

Le pourvoi en cassation a fait l'objet d'une non-admission avec des conclusions lapidaires de la part de l'avocat général près la

Cour de Cassation, tant était grande la fragilité de ce pourvoi qui reposait sur une véritable ânerie : la théorie du complot est toujours tellement séduisante.

Mais il est symptomatique de voir qu'à l'époque, le journaliste qui avait fait prospérer ces allégations n'avait pas du tout été inquiété.

Je lui avais d'ailleurs adressé un message pour lui signifier que, suite à ses accusations, j'avais dû démissionner de la franc-maçonnerie, car au sein du Grand Orient, on était très inquiet et on ne voulait absolument pas être associé à un quelconque problème de ce type qui faisait vraiment magouille bref, tout ce qui relève du mauvais fantasme concernant la franc-maçonnerie et dont celle-ci ne veut surtout pas.

J'avais donc envoyé un message à ce journaliste, lui disant que à cause de son tweet totalement inexact, j'avais été contraint de démissionner de mes engagements au long cours. Le tout en lui demandant :

— Ça ne vous dérange pas de faire votre travail comme cela ?

Et lui de me répondre :

— Non. Cela ne me pose aucun problème. J'ai fait mon travail.

Dont acte.

Je m'étais alors dit qu'il s'agissait d'un sale type. J'en étais resté là. Je n'ai pas déposé plainte pour diffamation alors que j'aurais pu le faire parce que celle-ci était caractérisée, et que cela aurait pu en outre gravement nuire à mon exercice professionnel, d'autant que pendant les mois où cette accusation a prospéré, certains confrères ne se sont pas privés d'arguer que j'arrangeais les décisions par le biais de la franc-maçonnerie et autres fantasmes délirants mais qui font toujours leur petit effet néfaste.

Sans compter que j'ai eu aussi très peur que le président de la Chambre de l'Instruction dont il était question fut franc-maçon, car les choses auraient alors été plus complexes. Heureusement, tel n'était pas le cas.

Toujours est-il que j'avais trouvé tout cela bien dégueulasse pour le Président Gilles Raguin et pour moi. Il n'y a pas d'autre mot.

Du lynchage au léchage

Dans le même temps, j'avais été surpris de constater que les médias qui avaient lancé et relayé cette info pourrie avaient été moins loquaces sur les suites qui lui avaient été accordées. À savoir la fin du pourvoi en cassation.

C'est pourquoi je n'ai pas été attristé lorsque j'ai vu cet été que le journaliste en question avait été mis à pied pour avoir fait ses choux gras d'informations bidons qui visaient un couple de députés LFI. Lancer des pseudo-scoops avec des sources d'informations aussi fragiles que dans l'affaire Péchier.

Tout comme je n'ai pas été ému d'apprendre que mon confrère Emmanuel Pierrat a écopé de deux mois de suspension d'exercice professionnel par le conseil de discipline des avocats pour harcèlement moral sur ses collaborateurs.

Manifestement la décision ordinale n'est pas définitive, selon la presse un appel serait en cours à l'initiative de la Bâtonnière de Paris qui demandait vingt-quatre mois d'interdiction dont dix-huit mois ferme. À suivre (la décision à l'heure où ces lignes sont écrites n'étant pas définitive à notre connaissance, en conséquence de quoi le mis en cause reste présumé innocent des faits lui étant reprochés).

En attendant c'est ce même Emmanuel Pierrat qui, dans l'affaire Daval, me donnait des leçons sur les plateaux de télévision. Spécialiste de la propriété intellectuelle – et pas du tout du droit pénal – il écumait alors les émissions télévisées où il m'avait exécuté dès la première soirée de garde-à-vue de Jonathann Daval, notamment sur BFM-TV.

Il disait me concernant :

— Il fait tout ce qu'il ne faut pas faire. Moi, mes étudiants à l'école d'avocat, je leur déconseille tout ce que fait cet avocat. C'est catastrophique ! De toute façon, il ne va pas rester. Mais il faut qu'il se taise et que Monsieur Daval change d'avocat.

Et il ira jusqu'à signer une tribune dans *Le Point* : « La volubilité mal contrôlée est le mal de notre époque ». Or, à lire ce texte, on avait l'impression qu'il parlait de lui… de sa propre volubilité sur les plateaux de télévision où parler d'une affaire et d'un avocat qu'il ne connaissait pas ne lui posait aucun problème. Une tartufferie.

J'ai donc trouvé très intéressant que ce journaliste et cet avocat, qui regardaient tous les autres de haut, aient marché sur le râteau et se le soient pris en pleine figure. Victimes à leur tour et avant tout de leurs propres travers.

La lettre volée

Avant l'affaire Daval, j'avais contribué à plusieurs émissions télé de « Crimes » et à un « Faites entrer l'accusé ».

Mais en dehors de l'affaire Schrutt que j'ai déjà évoquée, de l'acquittement d'un prêtre jurassien pour le viol d'une paroissienne à Lons-le-Saunier et de l'affaire Péchier, je n'avais jamais eu d'affaires à dimension nationale telle que l'affaire Daval.

Nous avons d'ailleurs eu la chance qu'au début de l'affaire Péchier, nous n'ayons pas eu d'emblée un emballement médiatique comme dans l'affaire Daval.

Ce qui est très amusant d'ailleurs, concernant l'affaire Péchier – je peux le dire maintenant – c'est que lorsque le dossier a éclaté et que l'affaire est montée en pression, tous les journalistes cherchaient le Dr Péchier pour le photographier.

Ils planquaient devant chez lui, devant la clinique où il exerçait, etc. Ils venaient aussi à notre cabinet d'avocats… Or, ils l'ont croisé à plusieurs reprises ! Quand ils venaient ici, dans nos locaux, les médias audiovisuels l'ont croisé plein de fois. Parce qu'il venait dans nos locaux, dans le bureau de Me Ornella Spatafora très précisément, pour travailler son dossier. De sorte qu'il a souvent croisé des journalistes qui ne se doutaient pas du tout de qui il était.

Je lui avais dit :

— Venez au cabinet, c'est le meilleur endroit : personne ne pensera vous y chercher. C'est le principe même de « La Lettre volée » d'Edgar Allan Poe.

Il travaillait donc consciencieusement son dossier dans nos locaux quand les journalistes le cherchaient partout.

La bascule médiatique

Jusqu'à l'affaire Daval, ce n'était pas moi qui intéressais les journalistes, c'étaient mes dossiers et cela m'allait très bien. En assurant la défense de Jonathann Daval, je suis devenu moi-même un sujet. Et cela m'a d'abord désarçonné.

Quand on m'a appelé pour me dire : « Il faut qu'on se rencontre pour faire votre portrait », je me suis étonné. Pourquoi parler de moi ? Me demander d'intervenir sur une affaire dans laquelle je suis, oui, c'est cohérent. Mais quand il s'agit de se mettre en avant, et surtout de se défendre soi-même, c'est déstabilisant.

Il y a ensuite eu de notre part une absence totale de clairvoyance : personne au sein de notre cabinet n'avait imaginé que ce dossier prendrait une telle ampleur. On n'a rien vu arriver du tout.

Médias et arts martiaux, même combat

Si j'ai d'emblée estimé qu'il fallait répondre aux médias dans mon exercice professionnel, tout en étant certes à l'aise pour le faire, c'est que je fais partie d'une génération qui s'est construite très vite en école d'avocat la conviction que nous devions être des techniciens, capables de gérer beaucoup de dossiers, avec une seule logique : l'efficacité.

D'où cette approche des médias, qui chez moi entre dans la même logique que celle des arts martiaux : un maximum d'intensité, dans un minimum de temps, pour un maximum de résultat.

La formule que nous utilisons souvent lorsque nous plaidons aux assises mes associés et moi, c'est :

— Du muscle. Pas de gras.

Autrement dit, le petit historique sur ta vie, ton œuvre, ta carrière, tu oublies. Ta petite expérience d'avocat, exit. Et pour les médias, c'est pareil. On essaye d'être le plus concis et le plus précis possible. En sélectionnant le message principal que l'on veut faire passer.

Cela a toujours été une règle d'or. Et pour les affaires ordinaires, cela fonctionne très bien.

Pour les affaires extraordinaires en revanche, c'est beaucoup plus compliqué. Car tout est alors disséqué, interprété, et commenté pendant des heures sur les plateaux télé.

Jusqu'à la coupe de cheveux et à la corpulence de l'avocat !

J'ai d'ailleurs relevé à ce sujet qu'en la matière, le sexisme aujourd'hui est sans limite. J'ai été attaqué sur mon physique à qui mieux mieux sans que personne ne s'en offusque. Aurait-on osé parler du physique d'une avocate ? Non. Et oui, j'avais quelques kilos de trop. Et alors ? Quant à ma coupe de cheveux, j'aurais dû me coiffer comme Kojak ?

Et c'est arrivé à un point tel que j'ai appelé un journaliste qui avait écrit sur mon physique de troisième ligne de rugby pour lui dire :

— Bon hé oh, là ! Ça suffit peut-être, non ? Est-ce que vous décririez une avocate comme une grande girafe avec des pattes de canard ?

C'était devenu très pénible. De même que cette qualification de « local de l'étape », tout cela parce que je ne suis pas un avocat parisien.

Bref, au début de l'affaire Daval, je me suis bien fait défoncer. Et j'avoue que, sur le moment, ça a été raide. Mais j'ai appris.

Dans la tourmente de l'affaire Daval

Lors des deux journées de garde-à-vue de Jonathann Daval, avec mon associée Me Ornella Spatafora, nous n'avons rien vu venir du tout. Et pas du tout les coups.

Mais sur le moment, nous sommes sur d'autres procès en même temps. On ne sait pas ce qu'il se dit à la télé. Même si, très tôt, nous avons décidé de jouer le jeu en acceptant les interviews… Tout en ignorant ce qu'on fait de nos propos et ce qu'on en dit ensuite.

La première prise de parole devait être à six heures quarante-cinq puis tout s'est enchaîné très vite : on passe une autre affaire à la Cour d'appel, puis une autre en correctionnelle et l'on revient pour les auditions de Jonathann… On ne voit rien. On ne sait rien. On est dans l'action. Coupés de tout.

Au cabinet, personne n'est centré sur cette affaire car chacun travaille par ailleurs et aucun de nos associés et collaborateurs ne suit la télé…

Et en fait on va comprendre qu'il y a un problème quand notre associée de Dole, Me Marjorie Weiermann va nous appeler vers vingt-deux heures, le deuxième soir de la garde-à-vue en nous disant :

— Qu'est-ce qu'il se passe ? Vous avez vu ce qu'il se dit à la télé ? Vous êtes en train de vous faire exécuter sur les plateaux et les réseaux sociaux. Regardez sur le net.

Et là, avec Me Spatafora, on ne comprend pas. On se demande ce qu'il se passe tant pour nous, rien de ce que nous avons fait, dit ou vécu, n'est anormal ou sujet à polémique. Nous tentons donc de la rassurer en lui disant :

— Mais ne t'inquiète pas. C'est fini. Demain on ne parlera plus de l'affaire Daval.

Mais elle insiste en nous disant :

— Non, je vous assure, c'est consternant, ça n'arrête pas. C'est sur toutes les chaînes de télé !

Bon.

En rentrant chez moi, je m'arrête pour boire un verre dans un bistrot routier et là, il doit être vingt-trois heures, j'ai BFM-TV qui m'appelle pour me dire :

— C'est très grave ce qu'il se passe. Vous êtes en train de vous faire laminer sur le plateau. Il faut absolument que vous répondiez.

Je suis totalement pris de cours car je ne sais absolument pas ce qu'il s'est dit. Je n'ai rien regardé de la télé. Pas plus que je n'ai pris connaissance des réseaux sociaux ni de quoi que ce soit d'autre… Je suis fatigué. Mais j'accepte l'interview.

Le type de BFM me dit :

— Vous êtes où ?

Je lui indique dans quel bistrot je suis et il me dit :

— OK. On envoie un camion, à tout de suite.

Et un quart d'heure après, je fais un duplex avec un journaliste qui me reproche ci et ça. Que j'ai osé dire qu'Alexia était violente.

Osé parler des problèmes au sein du couple. Que cela a provoqué telles réactions, etc.

Et je réponds comme je peux, car je n'étais jusqu'alors au courant de rien.

Je ne verrai que beaucoup plus tard toutes les calomnies dont Me Ornella Spatafora et moi avons fait l'objet.

Même si j'avais eu un échantillon des répercussions que cela aurai pu avoir lorsqu'en rentrant chez moi quelques minutes plus tard, je verrai mon épouse enfoncée dans le canapé, terrifiée et me disant :

— Je ne sais pas ce qu'il se passe mais ils sont tous fous après Ornella et toi. Je ne comprends pas.

Voyant que le truc tourne en boucle, nous déciderons d'éteindre la télé. Et pendant une semaine, jusqu'à l'émission Sept à Huit, nous ne regarderons pas une seule émission d'actualité. Rien. C'est salutaire.

Et c'est à ce moment-là que j'ai découvert ces chaînes info que je ne connaissais pas. Et pour cause, je ne regarde que très peu la télévision. Et je me demande ce qu'il se passe.

On me reproche mes déclarations. J'ai même des confrères qui me reprochent d'avoir pris la parole durant la garde-à-vue. Ceux qui affirment que c'est interdit. Les plateaux de déontologues… Et tout le bal des « je ne connais rien de l'affaire mais je vais tout vous expliquer ».

En aparté j'ai été très sollicité par différentes chaînes pour commenter l'affaire Jubillar. Mais j'ai toujours décliné pour la seule raison que je ne connais pas le dossier et que je ne parle jamais d'un dossier que je ne connais pas. Je parle uniquement des dossiers que je gère et j'ai suffisamment souffert d'entendre des confrères raconter n'importe quoi sur l'affaire Daval.

Dans le même temps cependant, je suis défendu par Me Clarisse Serre, avocate à Bobigny, qui me confirmera qu'elle a été invitée une fois sur un plateau mais que, comme elle n'avait pas hurlé avec les loups à mon encontre, elle n'a plus été invitée par la suite.

Et pour le reste, on me fait des plateaux d'exécution, avec des confrères qui ne connaissent strictement rien à l'affaire et qui me reprochent ce qu'ils font eux-mêmes d'ailleurs : parler de l'affaire.

Ensuite, j'aurai le soutien de plusieurs grosses pointures nationales comme Maître Pierre-Olivier Sur, du barreau de Paris, ce qui me rassurera et me servira aussi devant le conseil de l'ordre.

C'est Me Soulez Larivière qui sifflera la fin de la récré avec une tribune dans le *JDD* le 5 février 2018 intitulée : « Affaires Mathieu Gallet, Gérard Darmanin… la présomption d'innocence à l'échafaud ». Une tribune dans laquelle non seulement il expliquera qu'avec Me Ornella Spatafora nous avons fait notre travail mais que, de plus, nous étions parfaitement légitimes en droit à nous exprimer, au contraire de ce que beaucoup de confrères contestaient sur les plateaux.

D'ailleurs, dans la nouvelle enquête déontologique dont j'ai fait l'objet, à un confrère plutôt spécialisé dans d'autres matières que le droit pénal et qui me fera la leçon, m'expliquant que j'avais très mal géré la garde-à-vue de Jonathann Daval en ayant fait telle ou telle erreur, je sortirai non sans quelque gourmandise le papier de Me Daniel Soulez Larivière en lui disant :

— Tu sais qui est Maître Soulez Larivière ?

— Oui bien sûr.

— Et bien, il ne pense pas vraiment la même chose que toi. Au contraire même, il estime que nous avons plutôt bien géré la situation Ornella et moi. C'est quand même pas mal, non ?

Et là, je verrai que ça le perturbe. Parce qu'il y avait ce discours ambiant, qui consistait à dire :

— C'est catastrophique ! On ne fait pas cela ! C'est interdit ! Ils ont fait n'importe quoi !

Le problème est que la masse médiatique nationale nous a appréhendés comme des novices. Alors que cela faisait près de vingt ans que nous exercions, en plaidant partout en France, avec une équipe structurée, des méthodes qui avaient fait leurs preuves… Et des résultats à la clé.

Quelques journalistes nationaux ont cependant été corrects, la presse régionale et locale est restée très factuelle et mesurée, informative autrement dit, et nous avons aussi bénéficié dès le début du soutien de Me Jean-Marc Florent, alors qu'il était totalement notre adversaire au départ puisqu'avocat des parties civiles et que cela n'était pas évident.

Ceci alors qu'une fois de plus, nous avions peu de soutiens au sein du barreau de Besançon. Alors que nous en avions, officieux, de la part de certains magistrats.

Après, je pense rétrospectivement qu'il faut parfois garder le silence. C'est ainsi que j'ai refusé nombre de plateaux par la suite car, à un certain moment, on ne nous écoute plus et la meilleure des défenses est celle que l'on peut mener sur le plan judiciaire.

Ceci étant, nous avions une ligne, nous l'avons tenue jusqu'au bout et nous avons fait ce que nous pensions être le mieux dans l'intérêt de Jonathann Daval. Avec au final une peine que tout le monde a jugée convenable, le tout dans un climat particulièrement tendu.

De la bascule à la balançoire

Petit à petit, je vais ensuite rencontrer des confrères parisiens et des journalistes sur les plateaux télé auxquels je serai convié.

Je me souviens ainsi d'un confrère qui m'avait exécuté en règle à l'antenne pendant l'affaire Daval et qui, le jour où je l'ai rencontré, s'est platement excusé.

Avant cela, je ne le connaissais que de nom. Nous voici réunis sur le plateau et je le sens gêné. Je vais donc vers lui pour le saluer.

Il me regarde et il me dit, en me tutoyant comme si on se connaissait depuis longtemps :

— Tu m'en veux ?

— Bien sûr que je t'en veux !

— Ah, tu sais. Oui, j'ai déconné. Mais c'est toi aussi, avec ta tête, là. Tu provoquais ! On ne te connaissait pas, on s'est dit : Il se croit où celui-là ? Moi j'ai attendu vingt-cinq ans avant de me montrer à la télé. Et puis, ce que tu as fait, personne ne le faisait, parler durant la garde-à-vue, prendre la parole avant le procureur de la République. Bref, je suis désolé. Allez, choisis un étoilé, celui que tu veux, tu es mon invité.

Et nous avons passé une excellente soirée. Et cela s'est reproduit plusieurs fois avec d'autres avocats qui m'avaient critiqué sur les plateaux de télé. Et c'était très amusant de constater le décalage avec l'agressivité des débuts. Idem avec d'autres journalistes.

À commencer par Dominique Rizet. Nous nous sommes rencontrés à Nancy, lors d'une formation sur le thème « Les médias et la justice » à laquelle nous participions, Me Ornella Spatafora et moi. Il intervenait et, bien sûr, il nous a reconnus. À la pause, nous sortons et il vient vers nous, se présente, me serre la main, tandis que mon associée, elle, refuse la main qu'il lui tend. Il ne s'offusque pas.

Il nous dit alors :

— Ah ! Il ne faut pas prendre les choses comme cela. Vous savez, j'ai connu ça moi aussi l'hystérie médiatique, le lynchage. Dans dix ans, tout le monde aura oublié l'affaire Daval. En revanche, tout le monde saura qui vous êtes.

Nous avons ensuite bu un verre ensemble et on s'est revus plusieurs fois. Nous avons sympathisé, j'ai participé plusieurs fois à son émission du dimanche « Affaire suivante » et c'est toujours quelqu'un que je revois avec plaisir. Et que je considère comme un grand professionnel.

Sachant que j'ai été entre-temps invité à la soirée de la presse judiciaire, à Paris. Et là, c'est très festif !

Mais j'appellerais plutôt cela la soirée de la presse judiciaire parisienne. Parce qu'on sent pleinement le hiatus entre Paris et la province. C'est très balzacien. On est approché comme un provincial, regardé comme King Kong ou Tarzan, on ne sait pas trop… Mais on veut voir le phénomène.

Ceci étant, je ne suis dupe de rien et, pour moi, cela fait partie du travail. Comme un coureur du Tour de France, à la fin de son étape, doit répondre aux micros. C'est une partie indissociable du métier que de répondre aux journalistes.

Après, si j'ai commencé à répondre à tout parce que je suis très poli, j'ai appris à faire des choix. Mais le principe est, oui, de répondre aux journalistes. Car j'estime que cela fait partie de notre travail.

Sans compter que, lorsque les médias ont décidé de parler d'une affaire, ils vont en parler de toute façon. Avec ou sans nous.

Si on est confronté à des journalistes honnêtes, autant participer. À l'inverse, quand on a affaire à des journalistes malhonnêtes, mieux vaut s'abstenir. C'est notamment la raison pour laquelle nous avions initialement avec Me Ornella Spatafora refusé de participer à l'émission TPMP de Cyril Hanouna. Nous avions été contactés plusieurs fois durant l'instruction, puis pendant le procès pour y participer mais nous avions toujours décliné.

Le jour de l'audience sur intérêts civils dans l'affaire Daval, un collaborateur de Cyril Hanouna m'a encore appelé pour que je sois présent en plateau le soir-même.

Comme je viens de décliner une nouvelle fois l'invitation, il me demande :

— Mais vous avez quoi contre nous ? Vous avez toujours refusé de venir. Vraiment, je ne comprends pas.

— Je ne suis pas sûr que le schéma de l'émission corresponde à ce type d'affaire.

— Vous avez tort, Cyril est passionné par cette affaire et si vous venez, je peux vous garantir que ce sera pour parler avec sérieux de l'affaire.

J'étais sceptique, Ornella aussi mais soit, allons-y ! Départ dans la foulée pour Paris le jour même pour l'émission du soir, passage à vingt et une heures.

Conformément à ce que m'avait dit son assistant, Cyril Hanouna s'est avéré, en plus d'être particulièrement sympathique avec nous, très professionnel. Les questions étaient judicieuses et le débat a été de qualité avec lui (comme lors de la seconde émission pour la parution de « Je voulais qu'elle se taise »).

En quittant son plateau la première fois je n'ai pas pu m'empêcher de penser à l'échange affligeant que j'avais eu avec Patrick

Cohen sur le plateau de « C'est à vous » sur l'affaire Daval, raison pour laquelle nous refuserons l'invitation sur ce même plateau pour parler de l'affaire Péchier. J'ai vu l'émission, j'ai eu raison de refuser. Une fois de plus M. Patrick Cohen s'est transformé en Procureur Médiatique dans un flot de lieux communs particulièrement édifiants.

L'hypocrisie du secret de l'instruction

Mais dans l'ensemble, cela fonctionne plutôt bien. Avec en toile de fond cette petite hypocrisie du secret de l'instruction dont tout le monde sait que, dans les affaires sensibles ou médiatiques, tout fuite de partout. À commencer par les enquêteurs ou les magistrats instructeurs… Il n'y a qu'à voir les photos de reconstitutions ou les pièces de dossiers qui se retrouvent à la Une des médias.

On nous dit à chaque fuite qu'il va y avoir des enquêtes. Moi je veux bien… Mais il va falloir accepter que le secret de l'instruction n'existe plus depuis belle lurette, puisque ceux qui sont censés le protéger sont les premiers à l'enfreindre.

Pour ma part, dans une affaire où il n'y a pas de risques à communiquer des éléments qui, notamment en termes d'interpellations, de pressions sur des témoins ou de manifestation de la vérité, pourraient nuire à l'enquête, j'estime que le secret de l'instruction n'a plus d'intérêt.

A contrario, lorsqu'on recherche un auteur ou des complices par exemple, ce secret est impérieusement nécessaire.

Ce qu'il faut comprendre, c'est que si on s'en tient au Code de Procédure Pénale, seul le procureur de la République a le droit de s'exprimer sur une instruction en cours. Il peut dire tout ce qu'il veut et ne peut jamais faire l'objet de poursuites, même si ce qu'il dit est inexact.

Beaucoup d'avocats et de magistrats considéraient donc (c'était le cas lors de la garde-à-vue dans l'affaire Daval) que l'avocat de la défense n'a rien à dire une fois l'instruction ouverte et le gardé à vue mis en examen.

Avec Me Ornella Spatafora, nous avons considéré que l'avocat de la défense avait le même droit que le procureur de la République. Mais en février 2018, c'était compliqué.

Pourtant, un mois après, une décision du Conseil Constitutionnel du 3 mars 2018 va effectivement entériner cette possibilité pour les avocats de la défense. On avait donc une semaine d'avance sur le Conseil Constitutionnel. Mais oui, un avocat de la défense, comme le procureur de la République, peut s'exprimer sur une instruction en cours. La seule limite : ne pas nuire à la manifestation de la vérité.

Ceci est une véritable avancée en ce sens que le procureur de la République n'est jamais rien d'autre que l'accusation. Il n'est pas là pour faire une enquête à charge et à décharge. C'est déjà compliqué cette obligation légale schizophrénique imposée par la loi au seul juge d'Instruction.

Il est donc normal, dans une procédure pénale équilibrée, que lorsque l'accusation s'exprime la défense elle aussi s'exprime. J'ai d'ailleurs, suite à l'arrêt du Conseil Constitutionnel, adressé un courrier à tous les parquets et magistrats instructeurs auprès de qui notre cabinet travaille pour les informer que désormais, je m'exprimerais dans les dossiers d'instruction publiquement quand je le jugerai nécessaire pour la défense.

Une défense brique par brique

Lors d'un procès, surtout aux assises, il faut toujours être présent dans l'instant.

Encore une fois, c'est comme dans les arts martiaux. Ce n'est pas lorsqu'on a perdu le point qu'il faut reprendre son esquive. C'est fini.

Là, c'est exactement la même chose. Chacun développe une stratégie, une logique bien précise.

J'ai tendance à dire qu'il s'agit de construire, brique par brique, un mur de défense. Jusqu'à arriver à avoir édifié un mur complet, lorsqu'on plaide l'acquittement.

Et, même si souvent on ne construit pas ce mur pour l'acquittement mais autour de la culpabilité, l'objectif étant alors la peine, quelle que soit la configuration, il est question de construire un mur dont on sent chaque brique que l'on gagne ou que l'on perd. Ceci selon les questions et réponses mais aussi ce que l'on peut apporter aux jurés.

Il faut donc être constamment extrêmement présent. En posant des questions les plus simples possibles. Car il ne faut surtout pas que des jurés se disent qu'ils n'ont pas compris la question de l'avocat. Si un juré n'a pas compris la question de l'avocat, comment la personne à laquelle cette question a été posée la comprendrait ?

C'est donc un véritable exercice de style que de formuler des questions ouvertes, simples et compréhensibles pour tout le monde. Mais au-delà des questions, il faut aussi savoir écouter son interlocuteur, et c'est bien moins simple que ce que l'on pense. La bonne circulation de la parole dans une enceinte d'assises est essentielle pour la compréhension du débat.

La confiance ne se décrète pas, elle se mérite

Pour des jurés de Cour d'assises, le Président est forcément honnête. Ses assesseurs aussi.

L'avocat général, vu sa position et son apparat, idem. Sans compter qu'il représente la société. De même que l'avocat de la partie civile puisqu'il se trouve du côté du plaignant donc, pour faire court, de la souffrance, des larmes, de la victime…

Alors que l'avocat de la défense, lui, se situe quand même d'emblée du côté de ce qu'il y a de moins reluisant dans la salle. Et en plus, il est payé… Il n'est donc pas a priori le plus objectif qui soit.

L'enjeu est donc d'abord de démontrer aux jurés que, d'accord on est payé et certes on travaille pour cet accusé, mais on n'en est pas moins avocat. C'est-à-dire auxiliaire de justice. Et qu'un avocat n'est ni le complice, ni l'ami, ni un proche de l'accusé. Et qu'en conséquence, il peut avoir du recul avec ce que dit celui-ci.

Et à partir du moment où le juré se dit :

— En fait, ce que fait l'avocat est honnête, ce qu'il dit est vrai et quand il pose des questions, il ne triche pas…

À partir de ce moment-là, l'avocat de la défense est audible car crédible.

De la même façon, lorsque l'on obtient une mauvaise réponse à une question, il faut en prendre acte et l'accepter. Point.

Je revois un avocat général, dans un procès à Perpignan, s'acharner sur un témoin pour obtenir la réponse qu'il voulait. Et lui dire à la fin :

— Ah ! Vous n'êtes pas facile ! Avec vous, on ne peut jamais avoir la réponse que l'on veut.

Il faut aussi accepter de ne pas convaincre tout le temps et coûte que coûte. Mais admettre que la parole doit prendre sa place librement. Et les débats suivre leur cours. En prenant acte de réponses, parfois négatives. Parce que, de toute façon, les jurés les ont entendues. Et il ne sert à rien de vouloir les déformer.

C'est ainsi que dans l'affaire Daval, nous avons abandonné la qualification des coups mortels. Car suite aux explications du légiste, ce n'était pas crédible et il n'était pas question de soutenir l'insoutenable.

Si l'on n'accepte pas cela et que l'on va à l'encontre des travaux de la Cour, alors, nous n'existons plus en tant que défense. Notre travail devient insignifiant et il ne compte plus dans la décision qui sera rendue. Nous n'avons plus d'espace pour intervenir.

Sachant que, pour l'avocat de la défense – davantage que pour les autres parties au départ – l'écoute n'est pas acquise et la confiance doit se mériter.

Il faut donc que les jurés constatent et considèrent le plus tôt possible que l'avocat de la défense est honnête.

Constamment être dans l'instant

Il y a un tempo dans une audience. C'est comme un match de tennis en cinq sets. On peut prévoir de gagner les deux premiers sets mais, si finalement on les perd et qu'on ne le comprend pas, on va jouer le troisième comme si on avait gagné et patatras, on se ramassera. Autrement dit, il faut constamment être dans l'instant. Et, surtout, dans l'instant des jurés.

Il faut comprendre que le dossier d'assises est vivant. Et préparer à l'avance des interventions est quasi impossible. Mais c'est aussi ce qui est intéressant.

Quant à préparer un réquisitoire ou une plaidoirie, ce serait comme donner son avis sur un film dont on aurait lu que le résumé.

Le dossier, c'est le dossier. Mais il faut voir – et surtout vivre – l'audience. Et beaucoup d'audiences réservent énormément de surprises.

Une discipline de la parole

La façon de prendre la parole en Cour d'assises n'est pas fondamentalement différente de celles que j'ai pratiquées dans les arts martiaux ou en franc-maçonnerie.

Il y a des formes : la parole ne circule pas n'importe comment et heureusement ! Ces règles sont des règles de respect. Mais aussi de compréhension. Parce que quand la parole circule n'importe comment, plus personne ne comprend rien et il n'y a plus de débat. On n'avance plus.

Or, pour qu'il y ait débat, il faut une discipline de la parole. Ce qui passe aussi – voire surtout – par le fait d'écouter les autres.

Coup de théâtre

Lorsqu'on est avocat de la défense, on voit assez vite, et on les anticipe très souvent, les stratégies de la partie civile et de l'accusation. En revanche, on ne peut pas du tout anticiper la façon dont vont évoluer les débats.

Je me rappelle le procès d'un militaire qui sort de boîte de nuit, se trouve pris dans une rixe, vole au secours d'un de ses amis et met un coup-de-poing à un agresseur qui s'effondre. Mort.

Enquête, mise en examen et instruction pour violences volontaires ayant entraîné la mort sans intention de la donner.

Au procès, la compagne de la victime vient à la barre et explique à la fin de son propos que ce qui l'a le plus choquée, c'est que juste avant le coup porté par l'accusé, elle se rappelle très bien la gifle phénoménale que son compagnon a reçue de la part d'un autre militaire.

Or, cela ne figure pas au dossier.

On lui fait observer :

— Madame, vous n'avez jamais dit cela…

— Non, mais je n'ai été entendue qu'une fois, alors que je sortais de l'hôpital. J'étais complètement anéantie et ça ne m'est revenu qu'après. Mais je peux vous assurer qu'il a reçu une énorme gifle, juste avant le coup-de-poing que lui a donné ce monsieur.

Cet élément va être confirmé par un autre témoin, lui aussi ami de la victime. Lui non plus n'en avait pas parlé aux enquêteurs en début d'enquête.

La tête du président qui commence à se dire : « Mais c'est quoi cette histoire ? »

Arrive le médecin légiste. Il n'a pas assisté à ces auditions et n'est donc pas au courant de ce changement dans le dossier. Il explique que la victime avait une fragilité particulière qui, sur ce type de torsion, pouvait provoquer une rupture, etc.

Et lorsqu'on lui demande :

— Et s'il avait reçu avant le coup-de-poing une gifle qui ait justement causé cette torsion que vous venez de nous décrire ?

— Oui, c'est possible… Cela aurait peut-être pu le tuer.

Ce qu'on appelle le doute sur la culpabilité vient de tomber. C'est exactement cela que les journalistes appellent « un coup de théâtre ».

Alors, quel coup a entraîné la mort ? Tout est là. Nous sommes le vendredi et nous devons plaider en fin de journée. Mais le président renvoie au lundi. Le temps de réfléchir…

Il nous coincera cependant en introduisant la question des violences en réunion, comme si l'acquittement était inenvisageable. Mais après réflexion, je pense que l'on aurait pu combattre cette question, car il s'agissait d'un fait nouveau. Si l'on prend bien les jurisprudences de la chambre criminelle, aujourd'hui, je contesterais la validité de la question. Même si l'issue d'un tel incident est aléatoire sur les questions posées aux jurés, aujourd'hui je le ferais.

Ce procès fait partie de ceux que l'on refait dix fois. L'accusé a pris deux ans, mais on est passé à rien de l'acquittement. Ce sont les décisions les plus difficiles à vivre.

En attendant, le point de basculement de ce dossier, cette gifle, personne n'aurait pu le prévoir. D'où l'importance de l'oralité des débats. Et encore une fois, il faut accepter l'inconnu, mais surtout savoir s'en saisir au bon moment.

À chaque intervention, planter une graine de réflexion

J'estime qu'à chaque intervention, il s'agit de planter une graine de réflexion, orientée dans une logique de défense bien évidemment lorsqu'on intervient de ce côté de la barre.

Je me souviens du procès de celui qui avait été surnommé l'étrangleur de Pontarlier. Il était passé auparavant en correctionnelle pour menaces de mort sur son ex-femme et il avait été condamné à un mois de prison ferme avec mandat de dépôt.

Incarcéré à Dijon, il avait alors envoyé un message par jour à son ex : J-30, puis J-29, J-28, etc. Sans aucun autre mot. Juste ce compte à rebours.

Et, avec les remises de peine, il est bien sûr sorti une semaine avant la fin du mois qu'il avait à purger. De sorte que la femme question n'a pas reçu les derniers chiffres. Sauf qu'à J-0, on l'a retrouvée, elle, morte étranglée et à moitié brûlée dans sa voiture. Et il s'avère que l'auteur des faits n'était autre que son ex-mari, celui-là même qui venait de sortir de prison quelques jours plus tôt. Après lui avoir adressé tous ces courriers.

Tout l'enjeu était pour nous, à la défense, mon épouse, Me Agathe Henriet et moi, de combattre la préméditation pour tenter de faire requalifier les faits d'assassinat en meurtre.

Personne ne pensait que l'on pourrait y arriver à cause du compte à rebours. N'empêche que nous y sommes parvenus, grâce à l'expert psychiatre.

On dit souvent que dans les dossiers, il y a une ou deux montagnes à franchir. Et là, la montagne résidait dans son compte à rebours, J-30, J-29, etc. qui semblait signer la préméditation.

Nous avons donc attaqué de front l'expert psychiatre en lui demandant :

— Selon votre expertise, les éléments dont vous disposez, ce J-30 jusqu'à J-7 ou J-6, jour de sa remise en liberté à lui jusqu'à ce J 0 où elle est retrouvée morte étranglée, éjectée de sa voiture après que l'accusé y avait mis le feu. Est-ce que cela signe automatiquement une préméditation selon vous ?

Ce n'est pas forcément une question pour l'expert, mais on ose.

Et l'expert répond alors :

— Non. Vu sa psychologie et sa personnalité, on peut aussi l'interpréter comme étant un souhait de renouer avec elle.

Dès lors le décompte n'est pas ipso facto un compte à rebours funeste. Il y a une autre interprétation. Et ce qui est fondamental, c'est que ce n'est pas l'avocat de la défense qui la livre à la Cour d'assises mais un expert.

Et donc, sur cette interprétation-là, la préméditation a été abandonnée et l'assassinat n'a pas été retenu. Notre stratégie avait en effet consisté à souligner que, s'il avait été dans une logique d'assassinat, il avait eu au moins deux opportunités de lui donner la mort avant les faits, opportunités qu'il n'avait pas saisies car sa logique initiale était de renouer avec elle. Mais les retrouvailles s'étaient hélas mal passées.

Résultat, les faits ont été requalifiés en meurtre et la peine a été de vingt ans.

La parole est d'or

Tous autant que nous sommes au sein de notre cabinet, nous plaidons de façon la plus concise qui soit, du moins nous essayons. La plaidoirie doit aller à l'essentiel. Sur les dossiers en correctionnelle, nous plaidons assez peu. Et il arrive même que l'on ne plaide pas, car c'est parfois sans intérêts puisque les débats auxquels on participe activement ont été suffisants.

Le but étant d'atteindre un objectif, quand on s'approche du résultat souhaité, il est hors de question de venir ennuyer les magistrats en plaidant pour plaider.

On considère vraiment que la parole est d'or. Et l'on adapte nos interventions et leur durée à l'objectif que nous souhaitons atteindre.

Ensuite, dans les gros procès, y compris dans les procès d'assises et même dans ceux où l'on plaide un acquittement, nous sommes conscients des capacités d'attention des jurés. Une plaidoirie de quarante-cinq minutes à une heure suffit amplement. Au-delà, on n'est plus audible.

J'ai assisté à une plaidoirie de deux heures quarante-cinq... Lue du début jusqu'à la fin. Franchement, j'avais envie de bondir sur le confrère. C'est indigeste, on ne comprend plus rien et on éprouve un rejet complet de l'argumentaire.

J'ai vu aussi lire des plaidoiries : c'est tout aussi insupportable.

L'exercice de la plaidoirie consiste selon moi à parler aux gens, le plus librement possible, en reprenant les points précis et essentiels qui ont été développés au cours des débats et qui constituent le socle de l'argumentation, que l'on interprète et que l'on réexplique. Pour mieux les ancrer dans les esprits.

Autrement dit, nous considérons la plaidoirie comme une sorte de note de synthèse, concentrée sur les travaux de la Cour d'assises, en étant le plus précis et le plus concis possible.

Ce n'est surtout pas un exercice de style. On ne fait pas de citations. En revanche, il peut arriver que nous fassions des comparaisons avec d'autres peines déjà prononcées dans des affaires similaires. Notamment lorsque l'accusation n'hésite pas à réclamer des peines de vingt-cinq à trente ans... Car les jurés ont très peu de repères sur les peines. Il est donc important de leur donner des éléments de comparaisons et des quantums qui ont été prononcés et qui ne sont pas forcément ceux réclamés par le parquet. La seule logique étant l'efficacité.

Pas d'effets de manche

Je ne me sers pas de citations dans mes plaidoiries. Pas plus que je ne fais d'effets de manche.

Il ne faut jamais oublier que, si les gens seront contents d'avoir eu un avocat qui a fait une grande et belle plaidoirie, s'ils prennent un mauvais résultat, ils ne retiendront que le mauvais résultat.

Donc, au bout d'un moment, il n'y a que le résultat qui compte.

Ou plutôt, seules deux choses comptent : avoir sa conscience pour soi en se disant « j'ai fait tout ce que je pouvais ». Et le résultat. Mais avant tout le résultat !

Juger sans préjuger

« La justice n'est pas faite pour plaire, elle est faite pour être juste ». Jean-Yves Le Borgne, qui intervient à mes côtés dans l'affaire Péchier, utilise régulièrement cette phrase. Qui a dit cette formule en premier ? En tout cas je trouve cette citation très juste.

Il y a aussi cette vérité que j'avais un temps pris pour habitude de dire aux jurés (mais je ne le fais plus qu'avec parcimonie) : « Vous avez un grand pouvoir. Et un grand pouvoir implique de grandes responsabilités. » C'est Winston Churchill. Mais pour ma part, je la tirais d'un Spiderman… et je voyais très bien parfois dans l'œil de certains jurés qu'ils cherchaient dans quel film ils avaient entendu cette phrase.

Il y a deux choses que je dis très souvent à l'attention des jurés de Cour d'assises. La première est qu'on a besoin d'eux pour juger avec leurs qualités mais aussi leurs défauts. Le fait d'être juge ne transforme pas le juré en une personne au-dessus des autres ou mieux que les autres, en aucun cas. Et pour juger les fautes des autres, il faut aussi être conscient de son imperfection. Mais cette phrase a un double sens, elle signifie aussi que l'on a besoin de leurs expériences de vies et de leur bon sens.

La seconde chose que je souhaite qu'ils aient en tête est qu'ils ne ressortiront pas indemne de la Cour d'assises. Juger est une expérience hors normes et les jurés qui auront été impliqués n'oublieront jamais l'accusé, la victime, les images, les sons du crime parfois. Toute la difficulté est de juger sans préjuger, avant de condamner ou d'acquitter. La seule façon de sortir d'une Cour d'assises la tête haute, c'est de respecter scrupuleusement leur serment de juré. Et ce n'est pas si facile que cela, loin s'en faut.

En dehors de ces préambules, il ne faut pas avoir de trucs. Un procès n'est pas un spectacle. Pas plus qu'une plaidoirie n'est un numéro de cirque ou de stand-up. On n'est pas là pour s'écouter ou se faire plaisir. On est dans une Cour d'assises pour une seule chose. Travailler.

Certains pénalistes considèrent qu'ils ont des tiroirs qu'ils ouvrent ou ferment selon l'affaire. Pour ma part, plutôt que d'utiliser des vieilles ficelles, je trouve plus intéressant de prendre chaque procès comme un nouveau et d'essayer d'être créatif sur chaque procès en termes de défense.

Ne surtout pas appliquer de recette. À mon sens, plus on est libre, plus on est percutant.

Sachant qu'un Président de Cour d'assises m'a dit un jour :

– J'ai vu plaider un de vos confrères la semaine dernière… Il a très mal plaidé, il était très mauvais… Mais ses arguments étaient très bons et il a eu son acquittement.

Je pense qu'il a tout résumé. Au fond, la forme importe peu. Ce qu'il faut, c'est convaincre. Or, certaines personnes se focalisent sur la forme, pensant que l'éloquence va nécessairement emporter la conviction. Alors qu'en réalité, pas du tout ! C'est le fond qui emporte la conviction et permet le résultat. Et donc, la forme compte bien évidemment, mais au second plan.

Tout est toujours possible

Il y a encore quelques jours, je me suis séparé d'un dossier parce que la personne en question m'avait appelé en exigeant que je lui promette de réduire sa peine d'au moins trois ans en Cour d'appel. Je ne peux bien évidemment pas répondre à de telles exigences ni formuler de quelconques promesses en la matière. Or, mon interlocuteur ne le comprenait pas.

Et refusait même de l'admettre en me disant :

— Mais je vous paye !

— Oui Monsieur, vous me payez pour travailler votre dossier et je vous confirme que je l'ai fait. Je connais votre dossier.

— Oui, mais vous êtes avocat depuis vingt ans donc vous devez connaître les peines qui sont prononcées donc vous devez pouvoir me dire la future peine que j'aurai.

— Non Monsieur. Tout est possible ! Et je ne peux rien vous promettre en la matière.

Tout est possible en effet. À tel point que, lors d'une audience correctionnelle à Vesoul, dans un dossier de violences conjugales, l'épouse vient à la barre expliquer qu'elle a menti, le parquet requiert la relaxe, je plaide bien évidemment également dans le sens de cette relaxe manifestement acquise... Mais le tribunal prononce un an ferme avec mandat de dépôt !

Il sera in fine relaxé par la Cour d'appel, mais non sans avoir passé deux mois en détention.

On ne peut jamais prévoir une décision. Ni même faire de pronostics. Et je comprends que pour les personnes que l'on assiste, cela soit difficile à admettre et à vivre. Mais c'est pourtant la réalité.

De l'injustice à la justice en six mois

Je me rappelle un dossier que j'ai eu à plaider en appel où le prévenu se voyait reprocher des violences sur des policiers en civil lors de son interpellation dans un bus.

Il avait été sévèrement condamné en première instance et, lorsque je prends connaissance du dossier, je découvre que les témoignages des policiers sont accablants. Il y a un enregistrement vidéo de toute la scène mais il n'y a (comme souvent) que quelques photos dans le dossier et je me rends compte que le tribunal a refusé à mon précédent confrère le visionnage de la vidéo.

Mon client quant à lui m'explique qu'il n'a rien fait de violent, mais que ce sont les policiers qui l'ont agressé dès qu'ils sont entrés dans le bus.

Je prends donc la décision de demander le visionnage de l'enregistrement à la Cour d'appel et, pour éviter un refus de la Cour, je prends des conclusions d'incident en cas de rejet.

J'arrive donc à la Cour d'appel, prêt à en découdre et là, surprise ! L'écran géant est prêt pour le visionnage.

Dès le début de l'instruction, la nouvelle présidente, Madame Josiane Bigot, précise qu'il est indispensable pour juger de visionner l'enregistrement sans que je ne sois obligé de le demander. On est d'accord.

Et la vidéo va s'avérer édifiante. On y voit très clairement un policier entrer dans le bus et immédiatement, sans qu'il n'y ait aucun geste de mon client, lui porter plusieurs coups. Puis un second qui lui met un coup de pied dans le dos pour le fait chuter, avant de le menotter. L'avocat général est consterné. Le compte rendu des policiers était totalement inexact. Je n'ai pas plaidé, il n'y avait plus rien à dire. La Cour l'a relaxé.

Mais force est de constater que l'on est passé dans cette affaire de l'injustice à la justice en six mois. Avec le même dossier ! Mais la différence a été l'honnêteté de cette nouvelle présidente, honnêteté qui se fera sentir sur chaque dossier qui sera évoqué lors de sa présidence.

Quand les gendarmes font un faux

Autre illustration de possibles dérives. Si l'habitude est de faire confiance aux services d'enquête lorsqu'ils réalisent des investigations, il s'agit néanmoins d'être vigilant.

Et même très vigilant.

Ainsi, dans le cadre des méthodes que nous avons développées au sein de notre cabinet, il en est une qui consiste à examiner, autant que possible, l'ensemble des enregistrements vidéo figurant dans un dossier criminel.

Et cela porte ses fruits.

En témoigne l'épisode suivant. Nous voici aux assises de Lons-le-Saunier, mon associé Me Jérôme Pichoff et moi, à plaider pour un homme accusé d'avoir, en compagnie de trois autres personnes, commis un braquage au domicile d'un garagiste.

L'un des quatre cambrioleurs a été tué d'une balle dans la tête tirée par la victime au moment des faits et ce sont donc trois cambrioleurs supposés qui sont à présent jugés par la Cour d'assises du Jura pour des faits de vol avec arme.

Durant le procès, le directeur d'enquête affirme que l'un des accusés, celui que nous défendons, Monsieur G., a été directement mis en cause par l'un de ses co-accusés, surnommé La Courgette dans le milieu des gens du voyage.

Lequel Courgette, selon le directeur d'enquête de la gendarmerie, a non seulement reconnu Monsieur G. lors de sa dernière audition de garde à vue, mais l'a aussi directement mis en cause comme étant l'instigateur et l'organisateur des faits de vol avec arme, auxquels ce même Monsieur G. a qui plus est participé.

Avec mon associé, Me Jérome Pichoff, nous demandons au Président de la Cour d'assises de bien vouloir faire procéder au visionnage de l'audition de garde à vue au cours de laquelle le fameux Courgette aurait reconnu notre client, avant de le désigner comme étant l'homme à l'origine des faits pour lesquels le trio était jugé.

Le Président accepte.

C'est alors que va se passer quelque chose d'assez extraordinaire.

On voit en effet l'un des enquêteurs présenter un tapissage de neuf photographies à Courgette en lui demandant :

— Est-ce que tu reconnais Monsieur G. ?

Or, on voit très clairement à l'image que Courgette n'est pas capable de reconnaître Monsieur G.

D'autant qu'il finit par répondre :

— Non.

Nous voyons et entendons alors le gendarme lui dire à ce moment-là, ce qui n'est pas – scandale absolu ! – retranscrit sur le procès-verbal :

— En fait, Monsieur G., c'est le numéro 5.

Autrement dit, il lui désigne purement et simplement Monsieur G. sur le tapissage qu'il a lui-même organisé.

Un peu plus tard, en finissant l'audition, le gendarme revient à la charge :

— Bon, Courgette. Est-ce que, maintenant, tu reconnais Monsieur G. parmi ces neuf photographies ?

Et cette fois, naturellement, Courgette répond :

— Oui, bien sûr, puisque c'est celui que vous m'avez montré tout à l'heure en me disant que c'était lui !

Mais dans sa retranscription, le gendarme va simplement mentionner : « Présentons le tapissage et Monsieur Courgette reconnaît spontanément Monsieur G. comme étant le numéro 5. »

Première inexactitude.

La seconde, qui est absolument terrifiante et qui *in fine* fera vaciller le dossier, c'est que le gendarme pose maintenant la question à Courgette :

— Est-ce que tu reconnais avoir participé aux faits de vol avec arme avec Monsieur G. ?

Et là, Courgette ne répond pas.

Il ne dit absolument rien.

Pourtant, on entend très distinctement l'un des deux gendarmes qui tape… la réponse que Courgette n'a jamais faite.

Puis il lit à Courgette ce qu'il vient d'écrire :

— Je reconnais avoir participé avec monsieur G. à ces faits de vol avec arme, Monsieur G. en étant l'instigateur.

Courgette regarde alors le gendarme et lui lance :

— Vous êtes sérieux, là ?

Le gendarme lui rétorque :

— C'est bon. Tais-toi. Tu signes. Et maintenant on va chez la juge.

Et Courgette signe ce procès-verbal. Qui est un faux.

Ne jamais accepter l'évidence

Il est évident qu'après le visionnage de cet épisode devant la Cour d'assises, nous avons plaidé l'acquittement.

Malgré cela, et de façon tout à fait extraordinaire, la Cour d'assises de Lons-le-Saunier n'a pas prononcé l'acquittement et condamné Monsieur G. à sept ans d'emprisonnement.

Ceci en dépit du visionnage de cette garde à vue et de la démonstration que nous avions faite de l'existence de ce faux créé par les gendarmes.

Cette erreur sera heureusement corrigée en appel par la Cour d'assises du Doubs.

En visionnant cette vidéo, les juges, les jurés, ainsi que le ministère public, prendront acte de l'existence de ce faux.

Et Monsieur G. sera alors, ce qui était dans l'ordre des choses, acquitté.

Droit dans ses bottes

À noter que le visionnage de cette garde à vue a été effectué – tant en première instance qu'en appel – après la déposition du directeur d'enquête.

Et, dans les deux cas, lorsque nous lui avons demandé :

— Est-ce que les déclarations en garde à vue ont été sincères ? Est-ce que des pressions ont été exercées ?

Le directeur nous a affirmé à deux reprises, droit dans ses bottes – et alors qu'il n'avait participé à aucune audition – que ses collègues avaient travaillé conformément aux règles et de façon extrêmement scrupuleuse, tant dans la qualité des échanges verbaux que dans leur retranscription.

Alors que cela était totalement faux !

Tout ceci signifie qu'il ne faut jamais accepter l'évidence. Y compris lorsque des déclarations sont filmées, enregistrées, et faites sous le contrôle de services de gendarmerie ou de police.

Il est donc évident, même si ce n'est pas une pratique courante, que quand il existe des enregistrements vidéo, il est pertinent voire nécessaire de s'y plonger. Notamment pour pouvoir apprécier le contexte, la qualité avec laquelle de prétendus aveux – comme c'était le cas en l'espèce – ont été passés.

Sachant qu'en l'occurrence, la culpabilité de notre client reposait principalement sur les dires du surnommé Courgette.

Lors du procès en appel, il est bien évident que Me Pichoff a soulevé cette question, dès le départ. En demandant notamment au même directeur d'enquête si ce que nous allions voir dans les vidéos de garde à vue était conforme aux déclarations qui avaient été faites par les uns et les autres lors de la procédure.

Et lui de répondre par l'affirmative, en faisant preuve de la même assurance qu'aux assises de Lons-le-Saunier.

Il se trouve cela dit qu'il n'avait pas eu du tout connaissance du fait que, lors du premier procès, les vidéos de la garde à vue avaient été intégralement visionnées après sa déposition. Et que la défense avait pu constater, en même temps que la Cour d'assises, le caractère fallacieux de la retranscription opérée par ses collègues de la section de recherches.

Quant aux suites ? Des poursuites auraient pu être intentées par le parquet général à l'encontre des gendarmes auteurs de ce faux. Mais à notre connaissance, cela n'a pas été réalisé.

Alors pourquoi les gendarmes, qui sont pourtant d'habitude honnêtes et scrupuleux les concernant, ont-ils agit de la sorte dans cette affaire ? L'habitude que personne ne visionne les auditions placées sous scellés. La certitude de la culpabilité de G; et l'impossibilité d'accepter qu'il puisse s'en sortir ? Sûrement. Mais comme pour mon billet de 100 francs, la malhonnêteté ne paie jamais et à un moment ou à un autre il faut rendre des comptes.

Pour sa part, Monsieur G., qui avait fait quelques mois de détentions provisoires, a lancé une procédure d'indemnisation et a été effectivement indemnisé du temps passé injustement derrière les barreaux.

Nous n'attendons pas d'un accusé qu'il nous dise la vérité

Était-il innocent pour autant, pourront se demander certains ? La question pour la défense n'est pas là. Elle est de savoir si les preuves avancées pour asseoir la culpabilité de la personne défendue sont sincères, honnêtes et suffisamment efficaces pour permettre une condamnation. Encore une fois, la question de l'innocence ou de la culpabilité est une question que nous ne nous posons jamais.

Parce que nous n'attendons pas d'un accusé qu'il nous dise la vérité. Un avocat n'est pas un détecteur de mensonges.
Ce qui nous intéresse, c'est d'analyser dans quelle mesure le cumul des preuves permet ou non d'entrer en voie de condamnation. Et avant tout d'évaluer la qualité de chacun des éléments avancés par l'accusation. Après…

La porte ouverte à toutes les fenêtres

En prenant un peu de recul, dans cette affaire de déclarations tordues, et même inventées par les gendarmes au point de commettre un faux, de quoi s'agissait-il ?

Les enquêteurs ne parvenaient pas à obtenir de preuves suffisantes pour faire plonger Monsieur G. dont, forts de leurs « informateurs », ils étaient certains qu'il était impliqué. Partant de cette certitude qu'ils ne parvenaient pas à étayer, ils ont créé une preuve de toutes pièces en falsifiant un procès-verbal d'audition.

Pourquoi ? Parce qu'à leurs yeux, du point de vue de la morale, cela était juste. Ils ne pouvaient pas accepter que Monsieur G. – coupable à leurs yeux – s'en sorte comme cela. Du coup, ils n'estimaient pas si grave que cela de commettre un faux.

Mais c'est là qu'est l'écueil ! Car ce n'est pas cela la justice. Autrement, ce serait la porte ouverte à toutes les fenêtres.

D'où l'importance de remettre en cause certains éléments de l'enquête, d'aller rechercher les enregistrements vidéo, de prendre le temps de les regarder, de les étudier…

Ce travail, Me Pichoff et moi l'avions réalisé au moment de la demande de remise en liberté que nous avions formulée pour Monsieur G. Soit bien avant le procès d'assises. De sorte que nous avions un atout dans notre manche lorsque, notre client ayant été libéré après trois ou quatre mois de détention provisoire, nous nous sommes présentés au procès.

Certes, selon eux, les gendarmes avaient fait leur travail : écarter un malfaiteur de la société.

Mais la fin ne saurait justifier les moyens. Et en l'occurrence, le fait pour des enquêteurs de s'être autorisés à transgresser les règles, jusqu'à commettre un faux.

Tout cela, encore une fois, parce qu'ils estimaient avoir moralement le droit de le faire.

Heureusement que la Cour d'assises, statuant en appel, a prononcé l'acquittement. Signifiant dans le même temps à ces enquêteurs que non, cette fausse preuve, fabriquée et déloyale était irrecevable.

Suspendu au-dessus du vide

Lorsque la Cour se retire pour délibérer, commence pour l'accusé et sa défense le pire moment du procès : l'attente du verdict.

Pendant ce temps-là, on est comme suspendu au-dessus du vide. On a tout donné. Ce n'est plus de notre ressort. On n'a plus rien à dire. On est vidé. Et l'accusé est dans un état de stress extrême.

Sachant que, quand on plaide un acquittement, c'est encore plus vertigineux.

En général, je vais marcher en restant à proximité de la Cour d'assises. Mais je ne refais surtout pas le match. J'essaye d'évacuer, de penser à autre chose… Jusqu'à ce que l'huissier m'appelle en me disant que ça y est, le verdict est prêt à être prononcé.

Et là, cette dernière demi-heure est la plus pénible.

Quand le jury revient pour prononcer son verdict, maintenant, je ne regarde plus personne. Avant, je scrutais les visages des jurés, du président et de ses assesseurs pour essayer de deviner la décision, notamment savoir s'ils avaient condamné ou acquitté… Mais en fait, cela ne sert à rien. Les visages sont très fermés, parce qu'ils ne doivent rien manifester. On ne voit quasiment rien. Donc j'attends que le Président liste le verdict.

Acquitté

En général, lorsque les gens sont acquittés, ils ne réalisent pas tout de suite. À mon avis, les trois quarts pensent qu'ils seront malgré tout condamnés. Ils n'ont pas tant confiance que cela en la justice. Et dans leur tête, ils se disent « même si je n'ai rien fait, j'ai neuf chances sur dix d'être tout de même condamné ». Un accusé m'a même demandé juste après le prononcé de son acquittement « Alors, j'ai pris combien ? ».

Pour l'avocat de la défense, un acquittement est aussi une libération. Mais je n'ai jamais fêté un acquittement, parce que je suis intellectuellement vidé. Au mieux on va boire une bière avant de rentrer chez nous. Mais on est vraiment HS : hors service.

Et ensuite, il me faut beaucoup de temps avant de reparler du procès en question, c'est ainsi.

Condamné

Le plus compliqué, ce sont les gens qui sont condamnés en appel – et là, la peine est définitive – tout en continuant à clamer leur innocence.

Certains continuent d'ailleurs tout au long de l'exécution de leur peine. J'ai quelques clients ainsi, notamment un dont je suis persuadé qu'il n'est pas coupable.

Acquitté en première instance par la Cour d'assises de Haute-Saône, il a néanmoins été condamné en appel à Colmar, ce qui est le scénario le pire, et on ne peut rien y faire.

Il serait possible de faire un procès en révision. Mais pour cela, il faudrait des éléments nouveaux. Nous avons bien saisi la commission de révision car on avait trouvé une mèche de cheveux qui n'avaient fait l'objet d'aucuns tests durant l'instruction. Malheureusement l'ADN s'est avéré inexploitable. C'est horriblement compliqué.

Ces condamnés qui protestent de leur innocence sont-ils dans le déni ? Je ne le sais pas. Mais à ce moment-là, il s'agit d'un déni vraiment pathologique parce qu'il dure sept, huit voire dix ans après les faits. Et s'ils sont vraiment innocents, c'est dramatique. Parce que cela signifie qu'un individu est en prison pour rien. Et qu'en plus, un coupable est dehors.

Après, il y a ce que nous avocats savons et ce que nous ignorons. Il faut rester très modeste. Mais les gens qui se battent pendant des années pour faire valoir leur innocence, ce n'est pas fréquent et cela interroge.

Après le verdict

En fait, nous avons plutôt tendance à considérer les succès comme quelque chose de normal. Et les échecs comme une catastrophe dont on a du mal à se remettre.

En cas de mauvais résultat en effet, on rumine. On refait le procès en se demandant ce qui n'a pas fonctionné. On repense à la stratégie. On en élabore d'autres. On analyse ce qui a pu clocher. On peut être très atrabilaire. Et cela nous mine.

En prison

Avant le procès, nous ne voyons pas beaucoup l'accusé. Car en réalité, nous avons très peu besoin de lui pour préparer son dossier.

Ensuite, tous les pénalistes le savent, on a beau lui dire ce que l'on veut, une fois qu'il est aux assises, face aux jurés, il dit ce qu'il veut.

En revanche, voir leur avocat les rassure. Cela nous prend beaucoup de temps, mais il faut en passer par là.

Pour ma part, je privilégie les entretiens téléphoniques. Car aller en maison d'arrêt représente une grande déperdition de temps.

Certains clients tiennent néanmoins absolument à nous voir.

Je défendais ainsi récemment à Toulouse un accusé dont la femme m'a appelé en me demandant d'aller le voir en prison la veille de l'audience. Je lui ai expliqué que, pour un jour de procès, cela signifiait que je passerais donc deux jours à Toulouse ? Mais pour lui dire quoi ? En dix minutes au téléphone, j'aurai répondu à ses questions.

— Mais il préfère vous voir !

— D'accord. Mais du coup, il va falloir revoir mes honoraires. Car cela représente une journée supplémentaire.

Et quand je lui ai annoncé la facture que cela risquait de représenter, qui plus est sans aucun intérêt pour son époux, elle a convenu que l'entretien téléphonique était préférable.

Le procès s'est d'ailleurs très bien passé. Nous avons obtenu le résultat que nous avions visé. Le tout sans visite préalable à la maison d'arrêt.

Mais il est vrai aussi que souvent, dans la psychologie du détenu, si on ne va pas le voir c'est qu'on le méprise, ou que l'on n'est pas assez impliqué dans son dossier... Autant d'a priori ou de perceptions avec lesquels il faut composer. Mais en règle générale, on évite au maximum ces visites en maison d'arrêt qui sont très chronophages.

Et une fois la peine prononcée

Lorsque la peine est acceptée, nous avons ensuite essentiellement des échanges téléphoniques avec les condamnés. Mais il peut arriver qu'on aille les voir de temps en temps, ne serait-ce que pour faire le point avec eux, et notamment pour envisager un aménagement de peine.

Peut-être que dans la tête du grand public, les avocats sont amis avec les accusés, mais non, nous sommes professionnels. Tout comme vous n'êtes pas appelé à revoir votre chirurgien une fois l'opération passée !

Cela étant, il m'est arrivé de revoir des personnes qui avaient pris vingt ans quand j'ai commencé ma carrière et qui sont sorties. C'était très cordial et même sympathique, mais c'est toujours quelque chose d'étrange à vivre.

Et surtout, ces ex-détenus ne faisaient pas référence à leur affaire. Mais c'est toujours troublant. Car le temps passe terriblement vite pour nous. Alors que le temps a dû passer terriblement lentement pour eux pendant toutes ces années pendant lesquelles ils ont été derrière les barreaux.

Mais c'est toujours étonnant et plutôt rassurant de croiser des gens qui ont fait vingt ans de prison et qui, une fois sortis, se sont refait une vie avec un travail, une compagne... Même si c'est vertigineux : on ne peut s'empêcher de se dire, vingt ans, c'est toute une vie !

La notoriété

La notoriété ne m'a valu d'ennuis qu'au sein du barreau de Besançon, de la part de certains confrères.

En dehors, non.

Ni dans le grand public, ni auprès des magistrats ou des avocats. Pour preuve, une Présidente de Cour d'assises m'a même demandé de lui dédicacer le portrait pourtant peu flatteur que le journal *Libération* avait fait de moi.

Je plaidais en appel dans une Cour d'assises hors de Franche-Comté et je discutais avec des confrères lorsqu'elle m'a abordé en me faisant cette demande.

Je vois alors mes confrères rire de façon sarcastique, pensant que la Présidente se moque de moi, que c'est du second degré. Mais pas du tout.

Elle leur a rivé leur clou en indiquant :

— Il n'y a aucune ironie de ma part. J'apprécie beaucoup Me Schwerdorffer et je serai très honorée s'il me signait ce portrait que *Libération* a fait de lui.

Ce que j'ai fait. Même si cela m'a beaucoup surpris, car sur le moment où il était paru je n'avais pas trouvé que l'article en question était vraiment à mon avantage, d'ailleurs la journaliste a tout fait pour qu'il ne le soit pas.

Autre anecdote rigolote : je suis à Lyon, j'arrive en retard au tribunal, je gare ma voiture dans une rue et en sortant, je ne retrouve plus la rue en question.

Je vais marcher deux heures pour la retrouver et, ne la retrouvant toujours pas, je la fais géolocaliser par le concessionnaire.

Sur le chemin vers ma voiture, une dame me croise et me fait :

— Vous êtes présentateur télé, vous !

— Non, non.

— Je vous assure que si !

— Je vous assure que non !

— Oh oui, non. Pardon ! Je vois maintenant…

Il y a aussi les gens qui ne s'attendent pas à vous voir à certains endroits et, comme je ne m'interdits aucuns lieux, c'est parfois assez amusant.

Il arrive aussi que des gens s'imaginent me connaître alors que ce n'est pas du tout le cas. Ou appellent le cabinet en prétendant être de mes amis alors que pas du tout… Mais à part cela, la notoriété n'a absolument rien changé à ma façon ni de vivre ni de travailler. Je ne suis jamais rien d'autre qu'un professionnel du droit.

Dans la tourmente

Mes enfants n'ont pas été enquiquinés par les différentes tourmentes que j'ai traversées concernant mon métier. D'abord parce que, leur mère et moi nous sommes connus localement et depuis très longtemps. Là où j'habite, je fais griller les saucisses à la fête du village, je tiens la buvette du 14 juillet, je fais de la marche nordique avec mon épouse, je fais mes courses au supermarché, j'emmène mes enfants à l'école, leurs copains viennent à la maison… Et ceci depuis toujours.

Concernant mes enfants, ils sont tenus très à l'écart de notre profession. Tout comme j'ai été tenu à l'écart de la profession de mon père. Non parce qu'il en avait honte ou que c'était secret. Mais il ne mélangeait pas vie professionnelle et vie familiale. Je fais de même.

Tout comme on ne regarde jamais à la maison les émissions judiciaires à la télé. Les enfants sont éloignés de toutes ces affaires et des tourbillons qui peuvent parfois les accompagner.

Anecdotes

J'avais plaidé à Bourg-en-Bresse avec Me André Buffard, qui a été notamment l'avocat du terroriste Carlos, de l'adjudant Pierre Chanal ou encore de Jean-Claude Romand et il nous est arrivé l'anecdote suivante.

Nous étions tous deux aux assises où je défendais une jeune femme accusée d'avoir commis des violences graves sur un très jeune enfant et lui était pour le co-accusé. Nous étions adversaires dans ce dossier et le fameux co-accusé, ex-mari de cette femme que je défendais, était persuadé que je préparais quelque chose contre lui.

Or, à un moment je rapporte deux bouteilles d'eau et j'en donne une à mon confrère Buffard.

Et son client lui glisse alors très sérieusement à l'oreille :

— Ne buvez pas ! Je suis sûr qu'il a empoisonné cette eau !

C'est dire que les gens manquent de recul sur les dossiers…

Au cours de ce même procès, Me Buffard m'a raconté l'anecdote suivante.

Il avait plaidé avec Me Jacques Vergès aux assises pour des gens du voyage dont l'un était accusé de viol. À un moment des débats, le Président interroge la femme de l'accusé en lui disant :

— Vous vous rendez compte, votre mari est accusé de viol, vous en pensez quoi ?

Et celle-ci de répondre :

— Mais non, ce n'est pas possible, la plaignante a décrit le sexe de mon mari et il n'est pas du tout comme elle le prétend. En vérité, il est long et vert.

Sur ce, le président reprend :

— Comment cela, long et vert ?

— Oui, il est très long et il est vert…

Et à ce moment-là l'accusé, debout dans le box, ouvre sa braguette et sort son sexe. Qui tombe juste devant Me Vergès. Lequel lance alors :

— Oui, elle est verte, Monsieur le Président ! Elle est verte !

Me Buffard m'a aussi raconté la mise en examen de Me Vergès, à Nice, pour une violation du secret de l'instruction ou quelque chose de cet acabit.

Vergès aurait alors pris cinquante avocats pour le défendre, lesquels se seraient tous présentés au palais de Nice pour sa mise en examen, avec parmi eux Me Éric Dupont-Moretti.

Le juge d'instruction dit à Me Jacques Vergès :

— Écoutez, on va faire entrer trois ou quatre de vos confrères, parce que tout le monde ne tiendra pas dans mon bureau…

Et Me Vergès de s'offusquer :

— Non ! C'est tout le monde ou rien ! J'ai cinquante avocats, je veux être assisté de mes avocats.

Les cinquante avocats font chorus. Scandale.

Le juge d'instruction sort et revient en assurant :

— C'est bon, cet après-midi, nous pourrons avoir la salle d'audience.

Audience donc. Et les cinquante avocats sont donc là pour assister Me Vergès.

Le juge d'instruction l'appelle à la barre. Lorsque l'un des avocats se lève et est victime d'une crise cardiaque dans le prétoire.

Après, les anecdotes que nous retenons sont aussi symptomatiques de cette sorte de cynisme, ou plutôt de distance, que nous développons dans le monde judiciaire, pénal notamment. Ce qui nous permet d'affronter ce que l'on voit, ce dont on a connaissance dans les dossiers, les vies que l'on croise, leurs drames, leurs souffrances, leurs tourments…

Ni mentor, ni modèle

Je n'ai pas vraiment de modèles. J'ai simplement développé ma méthode. Ou plutôt, nous avons développé une méthode au sein de notre cabinet, qui ne ressemble pas à ce que faisaient les confrères que l'on avait dans la région.

Nous l'avons affinée. Et nous continuons à la développer.

Cette méthode est plus proche du système anglo-saxon que du système français. De sorte que je n'ai donc pas de mentor ni même de modèles. Par exemple, je n'ai jamais vu plaider Me Dupond-Moretti alors que j'aurais beaucoup aimé.

Je pourrais aussi citer, comme beaucoup d'avocats, Me Badinter, mais ce ne serait pas honnête de ma part. Même s'il reste un avocat exceptionnel, qui a eu cette intelligence situationnelle de plaider contre la peine de mort et non pour Patrick Henry.

Des avocats pour qui j'ai de l'admiration et du respect pour leurs compétences il y en a quelques-uns. Je citerai notamment, en dehors de tous mes associés, Me Philippe Scrève (Lyon), Me Hervé Temime (Paris), Me Samuel Estève (Dijon), Me André Buffard (Saint-Étienne), Me Clarisse Serre (Bobigny), Me Jean-Yves Le Borgne (Paris), Me Bruno Nicolle (Dijon), Me Francis Metzger (Strasbourg), Me Jean-Marc Florand (Paris), Me Thomas Bidnic (Paris). Et il y en a d'autres…

Mais non, je n'ai ni mentor, ni modèle.

C'est d'ailleurs ce que je conseille aux jeunes avocats qui viennent me solliciter : ne surtout pas avoir de modèle.

Car, si je peux bien sûr m'inspirer de certains confrères, trouver intéressante la façon dont l'un ou l'autre aborde tel ou tel argument, ce n'est jamais au point de me dire « Ah, il faut que je fasse comme lui ». Je pense en outre que ce serait vain.

Tout comme j'ai appris à ne pas copier à l'école, j'ai aussi appris à ne pas copier les autres. Quel intérêt ? Il faut à mon sens rester authentique, sans oublier l'objectif de tout cela et qui est de convaincre. Parfois cela fonctionne et parfois non. L'essentiel est de n'avoir aucun regret sur les moyens et l'énergie développés pour y arriver.

Style

À partir de quel moment j'ai trouvé mon style, ma voie et ma voix ?

Dès le début je pense. En cela que je savais que je voulais être actif dans le procès pénal. Je savais que je voulais m'orienter vers les contre-interrogatoires. Je savais que je voulais remettre en cause les choses acquises, faire attention aux apparences, être vigilant quant aux expertises et sur le qui-vive quant aux façons dont on parvenait à certaines conclusions… Mais je n'avais pas les méthodes.

J'avais une intuition, un vaste chantier de construction en perspective, mais je ne disposais pas de la boîte à outils.

Je sentais certaines choses, restait à les expérimenter.

Je dirais que cela m'a pris une bonne dizaine d'années. Et pense avoir vraiment progressé et franchi une étape dans les années 2014-2015. C'est à cette époque que j'ai commencé à obtenir le plus d'acquittements, mais c'est aussi à partir de cette période que j'ai commencé à travailler systématiquement à deux.

Sachant que personne ne porte la serviette de l'autre. Nous travaillons en équipe et ce travail d'équipe est la grande valeur ajouté de notre cabinet. Nous avons mis ce système en place avec Me Jérome Pichoff et Me Ornella Spatafora et il a fait ses preuves.

Une procureure vient témoigner

Cette méthode de travail aux assises, à savoir celle d'une équipe qui participe à chaque instant des débats et notamment lors des contre-interrogatoires, a encore récemment porté ses fruits puisque Mes Ornella Spatafora et Jules Briquet, collaborateur du cabinet, ont obtenu l'acquittement de Jacky Abdelli en ce mois de juillet 2022.

Cet homme, aux vingt-neuf mentions au casier judiciaire, comparaissait devant la Cour d'assises du Doubs pour des faits de tentative de meurtre.

En mars 2021, cet homme a été condamné à la peine de quinze ans de réclusion criminelle pour lesdits faits par la Cour d'assises de Haute-Saône et du Territoire de Belfort.

Ce dossier revenait donc à hauteur d'appel.

La complexité dans ce dossier était la personnalité de Jacky Abdelli. Laquelle, dans un processus judiciaire, s'examine notamment à la lumière d'un casier judiciaire et quel casier ! Vingt-neuf mentions dont deux avaient été prononcées pour des faits commis le même mois que ceux qui nous occupaient devant la Cour d'assises.

Le profil idéal de la personne qui peut faire peur aux jurés.

L'avocat général l'avait bien compris puisque durant tout le temps du procès, il a véhiculé l'idée selon laquelle « parce qu'il a la gueule de l'emploi, il a nécessairement commis les faits de tentative de meurtre pour lesquels il est jugé ».

Il est évident qu'on ne juge pas un homme pour son casier : encore faut-il qu'il y ait des éléments qui permettent d'établir sa culpabilité.

Dans ce dossier, une seule certitude, la victime a effectivement été victime d'une tentative de meurtre puisqu'elle a été retrouvée gisant sur son canapé, des morceaux de cervelle présents dans le salon témoins de la violence des coups portés au niveau de son crâne. Sachant que si la victime a réchappé de l'agression, elle n'en a conservé aucun souvenir et souffre désormais de séquelles physiques et psychiques irréversibles.

Avait-on dans ce dossier ce que l'on appelle des éléments dits objectifs tels qu'ADN, empreintes, téléphonie ? Absolument rien…

Jacky Abdelli était-il présent sur les lieux ? Impossible de l'établir.

Il y avait tellement de questions auxquelles aucune réponse ne pouvait être apportée.

Pour autant, la première fois Jacky Abdelli avait été condamné sur la base de témoignages de son ancienne belle-famille, laquelle avait soi-disant recueilli ses « aveux ». La valeur qui avait été accordée à leurs déclarations était tellement déconcertante quand on pratique habituellement la matière pénale…

Cette première condamnation impliquait nécessairement que l'on reprenne le dossier et qu'une nouvelle stratégie de défense soit mise en place.

Mes Spatafora et Briquet ont donc fait le choix de faire citer de nouveaux témoins. Dont un qui allait particulièrement retenir l'attention des magistrats et des jurés, à savoir la procureure de la République de Belfort à l'époque des faits, désormais procureure de la République de Montbéliard.

Pourquoi faire citer cette magistrate du parquet au procès, événement rarissime ? Tout simplement parce que c'est elle qui, à la fin de l'information judiciaire, avait rendu un réquisitoire de non-lieu. Ceci en considérant que, dans ce dossier, il n'y avait pas suffisamment de charge pour renvoyer Jacky Abdelli devant une Cour d'assises.

La présence d'un tel témoin à la barre d'une Cour d'assises est tout à fait exceptionnelle. Mais il n'était pas possible pour la défense de passer outre un tel témoignage. Car Mes Spatafora et Briquet avaient conscience que, si la procureure de la République expliquait devant les magistrats et les jurés pourquoi en tant que magistrat en charge de l'accusation, elle ne pouvait la soutenir dans ce dossier, cela pouvait faire basculer le procès.

En réponse aux questions posées par Me Briquet, Madame le procureur de la République répondra notamment : « Je ne suis pas un accusateur public, j'ai repris l'ensemble des éléments de ce dossier et j'affirme qu'il n'existe pas de charge qui permette le renvoi de Jacky Abdelli devant une Cour d'assises. »

Un travail ciselé en équipe

Il s'agissait du dernier témoin sur les faits et ses déclarations n'ont fait qu'asseoir le travail mené durant les deux jours de procès. À savoir qu'il n'y avait aucun élément dans le dossier qui permettait d'asseoir la culpabilité de Jacky Abdelli. Mais aussi que toutes les pistes de travail dans ce dossier n'avaient pas été exploitées jusqu'au bout.

En effet, lorsque le directeur d'enquête et les différents enquêteurs en charge du dossier sont venus témoigner à la barre, ils n'ont pas été en capacité d'expliquer pourquoi certaines hypothèses d'enquête avaient été fermées alors même que les éléments recueillis posaient de véritables questions.

Comment expliquer par exemple que l'ami qui a découvert la victime gisant sur son canapé se soit introduit dans son domicile par le garage en ouvrant la bâche avec un objet décrit par les techniciens en investigation criminelle comme étant tranchant ?

Comment expliquer que l'exploitation de la vidéo lorsqu'il s'introduit au domicile de la victime permette de relever qu'il écarte les objets qui se situent dans le garage avec sa main non gantée ? Comment expliquer que soient retrouvés dans son véhicule, quinze minutes après l'arrivée des gendarmes, des produits stupéfiants qui appartenaient à la victime ? Et ces traces de sang dans le véhicule qui n'ont pas été exploitées ?

Toutes ces questions auxquelles aucune réponse n'a été donnée, ont suscité nécessairement une réaction et des interrogations chez les jurés.

Mais toutes ces questions ne sont pas possibles sans un travail ciselé, et en équipe, du dossier.

Finalement après trois jours de procès, Jacky Abdelli sera acquitté.

Le pire, c'est quand même ce qu'il y a de mieux

Des personnes dont j'aurais aimé assurer la défense ?

Dans la période actuelle, je dirai Tariq Ramadan. J'ai le sentiment qu'on va avoir un procès plus moral que pénal – c'est d'ailleurs déjà le cas – et c'est à mon sens l'écueil de notre époque.

La place de l'avocat de la défense est essentielle dans ce type d'affaire (comme dans celle du Carlton de Lille) où l'on confond les notions de droit et de morale.

Que Tariq Ramadan soit un Tartuffe, pourquoi pas ?

C'est le mal du siècle dont les journalistes et les politiciens sont le plus souvent atteints, les mères et pères La Vertu étant les pires. Que Tariq Ramadan soit aux antipodes de ce qu'il prêche est un grand classique, « faites ce que je dis mais pas ce que je fais ». En revanche, qu'il soit un violeur ça, c'est une autre histoire. Et j'attends son procès pour le savoir. Car jusque-là, même si une certaine presse l'a déjà condamné, moi je ne sais pas.

Et sinon, j'aurais aimé assurer la défense de Pétain. Je pense que c'était un procès extraordinaire. Dans une France qui avait largement collaboré, face aux résistants de la dernière heure, faire le procès de l'hypocrisie nationale, des collaborateurs nombreux devenus sur le tard résistants et qui ont sans aucun doute été les plus acerbes contre Pétain mais aussi contre les malheureuses femmes qui n'avaient pour seul tort que de fréquenter des militaires allemands. Où était le problème ? En termes de barbarie pour le coup, tondre ces malheureuses relevait bien là de la barbarie, le courage des lâches, et aucun de ces hommes n'a été jugé pour cela. Mais Pétain et les collabos ou d'autres au fond, ce n'est pas vraiment la question.

C'est seulement que, plus il y a d'enjeux dans un procès, plus la place de l'avocat prend tout son sens. Parce que défendre ce qu'il y a de pire, c'est quand même ce qu'il y a de mieux pour un avocat.

C'est d'ailleurs tellement vrai que, si le Diable me demandait de le défendre, j'accepterais sans hésiter. Il est sûrement plus facile à défendre d'ailleurs que Dieu, il a au moins le privilège lui, de ne pas être parfait et d'avoir ainsi des excuses.

Tout homicide de femme n'est pas un féminicide

Peut-on encore parler de crime passionnel ? Je réponds oui. En dépit de la dictature d'une certaine pensée ambiante, qui privilégie le combat au débat et se répand hélas dans nombre de médias via la pression des réseaux sociaux et de groupes activistes dont la radicalité et les outrances, avec cette certitude d'incarner le bien, ne souffre aucune nuance.

Depuis 2017 s'est en effet installée une doxa selon laquelle le crime passionnel n'existe plus. Tout meurtre d'une compagne, quels qu'en soient le contexte et les circonstances, est recouvert par le terme de féminicide.

Peut-on interroger ce sujet même si, manifestement, une vérité, instaurée par on ne sait qui, désormais l'interdit ?

Le crime passionnel existe toujours, n'en déplaise à tous ceux (journalistes, politiciens en mal de combats et autres) qui affirment le contraire et estiment que tout meurtre commis sur sa compagne est un féminicide.

Le crime passionnel est en effet celui que l'on oppose au crime de la raison. La passion, par nature, est ce qui échappe au contrôle de la raison et qui relève de l'émotionnel. C'est pourquoi, la plupart de temps, il s'agit de crimes de l'instant, et non de crimes commis avec de la réflexion.

Un exemple symptomatique est celui de ce sexagénaire que j'ai défendu en cour d'Assises, Monsieur Yvon Octau, en mars 2012.

Il était accusé d'avoir tué sa compagne d'une balle de fusil dans le crâne et il plaidait coupable. Cet homme, bon père de famille, apprécié dans son travail et inconnu de la justice, soupçonnait depuis quelque temps sa nouvelle compagne d'avoir une liaison avec un autre.

Un soir, au moment où le couple prend l'apéritif, sa compagne se met à échanger de façon frénétique des messages. Mais avec qui ?

Pour Yvon Octau, son attitude, la façon dont elle l'ignore et refuse de lui répondre sur l'identité de son interlocuteur, sans oublier l'alcool consommé, il n'y a aucun doute. Et il perd pied.

Il quitte la table, va dans la chambre, prend son fusil, charge une cartouche et, de retour dans la cuisine, tire.

Après quelques minutes, il va appeler son fils, effondré. Mais Il est trop tard. Les gendarmes se rendent sur place, il est arrêté puis écroué. Au procès, il n'arrivera pas à expliquer son passage à l'acte. Les jurés retiendront le débordement émotionnel et le passage à l'acte criminel dans un cadre passionnel. Une pulsion meurtrière dans la confusion des émotions, où le contrôle de l'esprit et de la raison s'estompent voire disparaissent. C'est ça le passionnel. La cour d'Assises le condamnera à dix ans et le parquet acceptera cette décision.

Distinguer le crime passionnel du crime possessionnel

Au nom de quoi le crime passionnel aurait-il disparu ? En réalité, ce qui est qualifié de féminicide est d'une nature différente et possède d'autres ressorts. Il ne s'agit pas en l'occurrence d'un crime passionnel mais de ce que j'appellerai un crime possessionnel.

Le crime possessionnel est celui de l'homme qui préfère tuer à être quitté. C'est le geste de celui qui assassine pour ne pas que sa compagne « appartienne à quelqu'un d'autre ». J'utilise le terme juridique d'assassiner parce que c'est de cela qu'il s'agit. Ce sont des crimes réfléchis – et même ruminés – avec une préparation dans le passage à l'acte criminel qui implique une résolution meurtrière déterminée.

Exemple type : l'affaire d'Aurélia Varlet, cette jeune femme de trente-deux ans exécutée en août 2013 par son ex-compagnon qui ne supportait pas la séparation.

Un mois après qu'ils se sont quittés, il parvient à obtenir d'elle qu'elle se rende chez lui pour une dernière explication, le jour de son anniversaire. Elle arrive sans cadeau : il a compris. Elle ne ressortira pas vivante de chez lui. Aucun autre homme ne l'aura. Il ferme la porte derrière elle, ils se battent, il la traîne par les cheveux dans l'escalier jusqu'au balcon de la chambre. Il lui tire deux balles de fusil de chasse à bout touchant et se suicide.

L'exécution, car il n'y a pas d'autre mot, avait été programmée.

Quand les gendarmes découvrent la scène, ils constatent que la chambre avait été transformée en véritable musée posthume de l'histoire du couple : robes rangées dans un ordre précis sur le lit, photos disposées comme dans une salle mortuaire, lettres, parfums etc.

On est bien là dans l'assassinat, perpétré par un homme obsessionnel et possessif à l'extrême. Et en l'occurrence oui, on peut parler de féminicide (car on n'est plus dans le registre passionnel) car c'est le crime de la négation totale de l'altérité. Et le choix mûrement réfléchi de tuer plutôt que de laisser vivre.

Conjugopathies et crimes crapuleux

Il y a encore d'autres mobiles, comme ceux qui prennent leur source dans diverses conjugopathies, que l'on peut voir apparaître dans les couples qui dysfonctionnent. Cela a notamment été illustré par l'affaire de Jonathann Daval, où le meurtrier et la victime ont chacun eu un rôle dans ce qui a conduit à l'instant criminel, même si les esprits manichéens refusent cette analyse en criant tout de suite au « féminicide ».

Enfin (et même si la liste des mobiles n'est pas exhaustive), il y a les crimes froids, crapuleux. Je l'ai vu dans l'affaire d'Éric Desnoue, ce chauffeur routier de cinquante-six ans qui a tué son épouse en 2013, dans le Territoire de Belfort, après avoir semble-t-il tenté de l'empoisonner.

Une chute accidentelle, selon lui, serait à l'origine de la mort de la victime. Les débats devant la cour d'Assises de Haute-Saône ont démontré au contraire qu'il s'agissait bel et bien d'un meurtre, qui plus est effroyable, l'accusé ayant ensuite déposé le corps de sa femme dans la forêt, non sans l'avoir dénudé et lui avoir infligé une atroce et obscène mise en scène.

Le cadavre de la malheureuse, rongé par les bêtes, ne sera retrouvé que huit mois plus tard. Entre-temps, dès le lendemain du décès, le veuf et meurtrier aura vidé le compte bancaire de feu son épouse. Avant d'inviter très rapidement sa maîtresse à venir s'installer chez lui. Ce que celle-ci fera, en allant jusqu'à porter les habits de la victime. Une horreur. Mais l'accusé – qui écopera de trente ans en appel – ne manifestera jamais le moindre remords.

Un moment de grâce

Il y a aussi des moments de grâce, comme celui que nous avons vécu lors d'un procès devant la cour d'assises du Doubs.

Trois hommes, roumains, s'arrêtent chez un vieux monsieur, dans le Jura. Leur voiture aurait un problème de radiateur, ils ont besoin d'eau. Le vieux monsieur leur ouvre sa maison, leur sert à boire et l'un des trois, nommé Barthus, commence à fouiller la maison pour le voler.

Le vieux monsieur le surprend. Barthus le frappe au visage pour se sauver. Le vieux monsieur tombe au sol, mort.

Le procès se tiendra devant les Assises du Doubs. Barthus est un colosse. Il a un cou de taureau et impressionne la cour d'Assises par son physique.

Pourtant, dès qu'il parle, tout change. Son vocabulaire est riche, son ton posé. Tout le monde se rend compte que c'est un homme cultivé et intelligent. Il reconnaît sa culpabilité et explique un parcours de vie chaotique.

À la fin du procès, avant de clôturer l'instruction de l'affaire et de passer aux plaidoiries, on entend le témoignage du fils du vieux monsieur. Il évoque son père, ses valeurs, sa gentillesse, son humanisme.

Puis, avant de quitter la barre, il regarde l'accusé, Barthus, qui est derrière moi. Puis se tourne vers le jury pour demander :

— Monsieur le Président, je peux serrer la main de l'accusé ?

Silence dans la salle. Le Président hésite.

Un ange passe. J'interviens alors en signifiant :

— Je n'y suis pas opposé, Monsieur le Président.

Et l'on voit alors de fils de la victime s'approcher du box et serrer la main de l'accusé qui lui demande pardon.

Le fils dit alors à Barthus :

— Je suis certain que si vous aviez eu un père comme le mien, vous ne seriez pas dans le box des accusés mais à ma place. Je vous pardonne, parce que mon père l'aurait fait. Je vous souhaite de vous en sortir.

Les jurés sont interloqués. Comment le fils de la victime peut-il avoir serré la main de l'homme qui a tué son père avec cette même main ? Le pardon du fils de la victime a secoué la cour d'Assises.

L'avocat général a requis quinze ans contre Barthus. La cour d'Assises a tenu compte de ce moment d'humanité auquel elle venait d'assister, médusée, et n'a prononcé que dix ans.

Procès d’Assises
un avocat à la barre des témoins

Dépôt légal 2e semestre 2022
I.S.B.N. : 978-2-84751-202-1

Mise en page : Paul Royer
Couverture : photographie Ludovic Laude
Imprimé en France par Présence Graphique

2A rue Isenbart. 25000 Besançon
www.editionsekoya.com